TYPES
d'Architecture Gothique.

TYPES d'Architecture Gothique

empruntés

AUX ÉDIFICES LES PLUS REMARQUABLES CONSTRUITS EN ANGLETERRE

PENDANT LES XII, XIII, XIV, XV, ET XVI SIÈCLES,

et représentés

EN PLANS, ÉLÉVATIONS, COUPES ET DÉTAILS GÉOMÉTRAUX,

de manière

à compléter l'étude et à faciliter la construction pratique
des diverses variétés du style ogival

par

A. W. PUGIN,

ARCHITECTE ARCHÉOLOGUE,

traduit de l'Anglais par L. DELOBEL, L.! COLONEL D'ARTILLERIE,
et publié avec approbation de l'Auteur.
la partie graphique revue par GODEFROID UMÉ, Architecte,
ancien pensionnaire en Allemagne et en Italie.

3.me VOLUME.

PARIS,	LIÉGE,
J. Baudry, Éditeur,	Même Maison,
Rue des Saints Pères, 16.	Place derrière St Paul, 6.

1867.

AVANT-PROPOS DU TRADUCTEUR.

La monographie du clos des vicaires de Wells n'ayant pu, à cause de son étendue, être comprise, dans le tome II des *Types*, à la suite des monuments gothiques du comté de Somerset, M. Welby Pugin avait conçu le projet d'en faire la base d'un troisième volume, qu'il eût complété de manière à couronner dignement cette utile et dernière œuvre de feu son illustre père. Mais les nombreuses occupations de M. Welby comme architecte et les importants travaux archéologiques auxquels il s'était dévoué corps et âme, l'ayant empêché, pendant plusieurs années, de réaliser lui-même ce projet, il a dû en confier l'exécution à un ami et ancien élève de son père.

M. Thomas Larkins Walker s'est acquitté de cette tâche avec un zèle et un talent bien dignes d'éloges. Pour l'heureux choix des sujets, de même que pour l'intelligente disposition des détails et la belle exécution des planches, le volume qu'il a composé, et que nous reproduisons ici, n'est point inférieur à ses deux aînés; et nous pensons que les notices historiques et descriptives qu'il contient, et qui sont le début littéraire de M. T. Larkins, sont traitées de façon à ne pas faire regretter que M. Willson, auteur du texte des volumes précédents, n'ait pu mettre la main à celui-ci. Nous avons eu, dans le cours de notre traduction, plusieurs fois occasion de reprocher à M. Willson l'insignifiance de quelques-unes de ses descriptions, l'absence presque complète de toute critique technique, mais, par contre, la surabondance fastidieuse de détails biographiques parfaitement étrangers à la question d'art. On ne pourrait, sans injustice, adresser les mêmes reproches à M. Larkins, car son texte est substantiel et son analyse méthodique; mais nous considérons comme un défaut de son travail la trop grande montre qu'il y fait des recherches laborieuses auxquelles il s'est livré pour établir l'historique des monuments qu'il décrit, et dont il aurait dû se borner à reproduire les seules parties utiles à son sujet. Dans la pensée d'Auguste Pugin, les *Types d'Architecture gothique* ont un but essentiellement pratique; c'est un guide destiné aux architectes : or, de quelle utilité peuvent être dans un pareil ouvrage ces longues tirades généalogiques dont les personnages n'ont été ni fondateurs, ni bienfaiteurs, ni restaurateurs des monuments que l'on étudie? D'aucune utilité assurément, au point de vue de l'art, du moins ; mais il est possible que dans l'aristocratique Angleterre, où la librairie est soumise à de très-lourdes charges fiscales et à d'onéreux règlements de corporation, l'exploitation de la vanité soit une indispensable condition de succès pour un éditeur d'ouvrages dont le prix est élevé.

Comme les deux préfaces que M. Larkins a mises en tête de ce troisième et dernier volume des *Types* n'avaient d'autre but que d'expliquer, un peu plus longuement que nous venons de le faire, au public anglais la manière dont la continuation de cet ouvrage des Pugin lui était échue en partage, et de remercier sa clientèle du bon accueil fait à ses premières livraisons, nous avons jugé convenable de remplacer ces préfaces, inutiles pour nos lecteurs français, par une notice nécrologique sur l'homme de bien et de génie dont la mort toute récente est encore si vivement sentie par tous les adeptes de l'art chrétien.

Liége, 15 janvier 1853.

NOTICE

SUR

WELBY PUGIN ET SES OUVRAGES (1).

> « C'est un de ces hommes qui demeurent
> » sur la vieille toile du temps, quand le reste
> » du tableau est effacé. »

En un même jour et presqu'à la même heure, l'Angleterre vient de perdre son plus grand homme de guerre et le plus illustre de ses artistes. Tandis que Wellington terminait au château de Walmer l'une des carrières les plus glorieuses, les plus complètes, les plus fortunées et les plus noblement remplies que l'on puisse citer dans les fastes de l'humanité, la cloche funèbre de l'église de St.-Augustin annonçait aux habitants de Ramsgate la mort à jamais regrettable de l'éminent architecte dont les œuvres feront époque dans les annales de l'archéologie chrétienne.

Welby Pugin a succombé, le 14 septembre dernier, à la cruelle maladie qui avait, depuis quelques mois, jeté le trouble dans sa belle intelligence. Il n'était âgé que de 40 ans; et, pour être convaincu que sa fin si prématurée et si déplorable n'a point eu d'autre cause que son ardent enthousiasme et sa prodigieuse activité, il suffit de considérer les travaux accomplis par lui dans le court espace de vingt années

---

(1) Les éléments de cette notice ont été empruntés, d'une part, aux articles nécrologiques qui ont paru dans les journaux anglais, et, d'autre part, aux *Annales Archéologiques* qui se publient à Paris sous la savante direction de M. Didron aîné. Nos lecteurs comprendront, du reste, que, malgré notre vive admiration pour Pugin, nous n'entendons pas du tout approuver sans réserves l'enthousiasme outré, non plus que les tendances intolérantes dont ses principaux écrits sont entachés. Quand un peintre fait un portrait, il tâche de le rendre aussi ressemblant que possible, mais il n'est pas responsable des défauts de son modèle; or, telle est ici notre position, et nous n'en acceptons pas d'autre.

à peine, travaux tellement remarquables par leur nature, leur importance, leur nombre et leur diversité, qu'ils pourraient à eux seuls remplir la carrière la plus longue de plusieurs artistes de grand mérite et de notable fécondité. Il est vrai que Pugin n'était pas un artiste ordinaire, mais un poëte animé du feu sacré le plus ardent, un de ces hommes de génie dont on peut, sans profanation ni exagération, dire avec le Psalmiste : *Virgam virtutis suæ emittit Dominus ex Sion*, — il avait reçu de Sion le sceptre de sa puissance ; — et cette puissance, il la mit tout entière au service de la plus belle des causes, celle de la réhabilitation de cet art chrétien que la foi inspira à nos pères, et dont, grâce à Dieu, nous commençons enfin à comprendre toute la sublimité.

Pugin ne fut pas seulement un archéologue érudit, un habile architecte : véritable Michel-Ange de l'art gothique, il en cultiva toutes les branches avec une étonnante facilité et un égal succès ; et, de même que tous les hommes supérieurs dont la place est marquée dans l'une ou l'autre des voies mystérieuses de la Providence, il avait la conscience de son génie et se croyait appelé à exercer par l'art une grande influence sur le mouvement de régénération religieuse qui tend à s'accomplir et qui s'accomplira, si Rome est prudente et sage, dans un avenir plus ou moins éloigné au sein de la protestante Angleterre.

L'art n'était pour lui qu'un puissant moyen de propagande catholique ; et, fort de son propre exemple, ainsi que nous le verrons plus loin, il avait compris l'irrésistible puissance de conviction que doit exercer avec le temps sur l'imagination d'un peuple intelligent la pompe majestueuse du culte catholique, déployée à l'extérieur et à l'intérieur de ces épopées de pierre auxquelles l'incrédulité elle-même ne peut refuser sa muette admiration : aussi se dévoua-t-il corps et âme à ce saint apostolat, et avait-il coutume de dire, sans s'inquiéter des puissantes inimitiés qu'un pareil aveu devait lui attirer, que le but auquel tendaient tous ses efforts était de renouer dans sa patrie la chaîne depuis trop longtemps rompue de l'unité chrétienne, de réunir dans un même lien d'amour tous ses compatriotes maintenant si divisés par tant de sectes hostiles, et de susciter en eux une noble émulation pour relever la maison de Dieu sur sa véritable base et dans toute son ancienne splendeur.

Si nous ne nous trompons, c'est à ce point de vue élevé et tout exceptionnel qu'il convient de se placer, pour pouvoir comprendre et apprécier à sa juste valeur l'artiste extraordinaire dont nous avons à faire connaître ici les traits biographiques les plus saillants et à énumérer les principaux travaux comme architecte et comme archéologue.

Né en 1811, Pugin reçut de sa mère, Catherine Welby, sa première éducation, et bien qu'Auguste, son père, Français de naissance, appartînt à l'Église catholique, il fut élevé dans la foi protestante. Après avoir passé quelques années à la célèbre institution de Londres connue sous le nom de *Blue-coatschool* ou *Christ's hospital*, il revint chez son père pour y faire de complètes et solides études en dessin, en architecture et en la science des constructions.

Grâce à d'heureuses dispositions naturelles et à l'excellent enseignement qu'il reçut de ce grand maître, dont la réputation était devenue européenne, le jeune Welby fit de si rapides progrès que son père put, dès l'âge de 17 ans, l'associer à la partie graphique de ses belles publications sur l'architecture ogivale ; et c'est à cette occasion qu'ils firent ensemble plusieurs voyages artistiques en Angleterre et en Normandie. Le talent précoce de Welby comme ornemaniste attira bientôt sur lui l'attention publique, et ses débuts dans cette spécialité de l'art furent, d'abord, la magnifique décoration architecturale des théâtres de la Reine et de Covent-Garden, à laquelle il travailla pendant deux années en collaboration avec MM. Grieves ; ensuite, la composition du splendide ameublement actuel du château royal de Windsor. Comme auteur, sa première production fut sa participation à l'ouvrage publié sur le style du moyen âge par MM. Rundell et Bridges.

Initié par son père à la connaissance complète des formes et des détails architectoniques des diverses écoles, ainsi qu'à la pratique minutieuse de tous les arts qui en dépendent, il s'éprit bientôt d'une véritable passion pour tout ce qui concerne l'archéologie chrétienne ; et son génie, à l'étroit dans les limites de la simple imitation des formes, prit son essor vers ces temps passés de religieux enthousiasme, qui nous ont légué tant d'admirables chefs-d'œuvre, pour découvrir le secret des principes générateurs de cet art sublime, principes que, jusque-là, l'on avait à peine soupçonnés, et sans la connaissance desquels cependant l'imagination la plus féconde, le goût le plus exquis, l'étude la plus approfondie des détails ne peuvent suffire à la création d'une œuvre vraiment originale, c'est-à-dire d'une véritable œuvre d'art. Et sous la poussière trois fois séculaire qui encombrait ce terrain déjà si difficile à explorer, le jeune Welby s'était en même temps imposé la tâche non moins ardue de retrouver la trace des anciens procédés d'exécution, dont la tradition était également ignorée.

Ayant perdu son père et sa mère en 1833, il redoubla de zèle et d'activité, et le premier résultat de ses savantes et laborieuses recherches fut la publication d'un

beau recueil de spécimens d'objets mobiliers et décoratifs en bois et en métal empruntés au moyen âge ou composés par lui à leur imitation. Cet ouvrage, commencé en 1834, fut achevé en 1835, époque à laquelle il abjura le protestantisme pour embrasser la communion romaine. L'étude de l'art chrétien devenait nécessairement pour lui celle de la religion elle-même; on comprend aisément comment, avec une imagination aussi ardente, aussi poétique que la sienne, il fut forcément amené à discerner la véritable épouse du Christ parmi toutes ces prétendues Églises chrétiennes qui font de l'Angleterre une espèce de Babel évangélique. « C'est dans les criptes
» des vieilles cathédrales du continent, disait-il souvent, que j'appris à comprendre les
» sublimes vérités du christianisme, vérités que j'avais vainement cherchées dans la
» religion politique de ma patrie, et c'est alors que, sans avoir eu de rapports avec
» aucun prêtre catholique, je rompis spontanément avec cette divorcée de saint Pierre. »

En 1836, Pugin publia son fameux ouvrage intitulé : *Contrastes*, ou parallèle entre les nobles édifices construits aux XIV° et XV° siècles, et ceux de même nature élevés en style moderne. Ce livre, dont le but était de démontrer la décadence réelle du goût architectonique de notre époque, produisit une immense sensation : aussi remarquable par l'habileté de la mise en scène et par l'évidence de la démonstration graphique, que par le style éloquent, mordant et sarcastique du texte, l'opinion publique jugea de suite que son auteur n'était point un homme ordinaire. Les architectes classiques de tout le Royaume-Uni furent frappés de stupeur en voyant disséquer par l'impitoyable scalpel de Welby les pauvres petits édifices qu'ils s'étaient si amoureusement accoutumés à considérer comme de grandioses monuments, sinon même comme de vrais chefs-d'œuvre; mais c'est surtout dans les rangs du clergé anglican que l'orage soulevé par les *Contrastes* fut formidable; et, vraiment, ce n'était pas sans motifs, car le Samson gothique qui venait de faire trembler jusqu'en ses fondements le temple élevé par le despotisme sanglant d'Henry VIII, avait osé dire aux héritiers millionnaires des spoliations commises au temps de ce méchant prince :

« 1°. Que tout ce qui est grand, édifiant et noble dans le domaine de l'art est
» le résultat des sentiments inspirés à l'esprit humain par la religion catholique;

» 2°. Que la ruine de l'art, le mépris des choses saintes, l'abaissement de l'autorité
» ecclésiastique et la perte complète de toutes les nobles perceptions de l'humanité
» ont été le résultat du protestantisme partout où il est parvenu à s'établir;

» 3°. Enfin, que l'état de dégradation où tous les arts se trouvent en Angleterre

» est uniquement dû à l'absence du sentiment catholique dans le corps enseignant,
» à la perte du patronage ecclésiastique et à l'apathie avec laquelle une nation
» protestante doit nécessairement traiter les branches les plus élevées de l'art (1). »

On conçoit aisément, d'après cet échantillon du mode d'argumentation du trop fougueux Pugin, combien dut être grande l'indignation que le livre des *Contrastes* excita parmi les artistes classiques et plus encore parmi les membres de cette Église anglicane si rudement attaquée dans l'esprit de sa doctrine et dans son influence sociale. Ce fut alors, de la part de la défense, une pluie de réponses, d'observations, de brochures et d'articles polémiques, où la menace et les gros mots ne furent point épargnés à l'assaillant; mais Welby, loin de se laisser intimider par tout ce fracas, retrempa sa plume d'acier et riposta à ses adversaires par son *Apologie du Livre des* CONTRASTES, chaleureux pamphlet où le sarcasme et l'ironie occupent — c'est du moins notre sentiment — une place plus grande qu'il n'eût fallu pour défendre une si belle et si bonne cause, et où l'auteur entre en matière en avouant qu'il s'était bien attendu à la vive opposition que rencontrait son livre ; qu'il avait eu besoin, pour l'entreprendre, de beaucoup de zèle, de résolution et d'une forte conviction, et qu'il espérait bien qu'avec l'aide de Dieu ces mêmes qualités ne lui feraient pas défaut dans les luttes de l'avenir. Bref, le combat fut long et acharné, mais le jeune champion de l'art chrétien resta définitivement maître du champ de bataille, et ses

---

(1) Il y a du vrai, beaucoup de vrai, mais aussi de l'exagération dans ce manifeste ultra-catholique de Pugin, et c'est bien le cas de dire avec Horace :

Insani sapiens nomen ferat, œquus iniqui,
Ultra quam satis est, virtutem si petat ipsam,

ou bien encore avec saint Paul : « Ne soyez pas plus sages qu'il ne faut; mais soyez-le sobrement. »
Au reste, il y a longtemps qu'un célèbre écrivain français a dit : « La Réformation, pénétrée de
» l'esprit de son fondateur, se déclara ennemie des arts ; elle saccagea les tombeaux, les églises
» et les monuments ; elle fit en France et en Angleterre des monceaux de ruines. En retranchant
» l'imagination des facultés de l'homme, elle coupa les ailes au génie et le mit à pied. Elle traite
» de superstition la pompe des autels, d'idolâtrie les chefs-d'œuvre de la sculpture, de l'architecture
» et de la peinture ; elle tendait à faire disparaître la haute éloquence et la grande poésie, à
» détériorer le goût par la répudiation des modèles. »

opinions et ses principes, alors si vivement contestés, ont maintenant triomphé de toute opposition sérieuse et sont acceptés comme d'incontestables vérités.

Une circonstance qui contribua puissamment à ce triomphe des idées de Pugin et à leur réalisation, c'est que, précisément au moment où il venait de jeter courageusement son gant sur le parvis de l'Église anglicane et de faire preuve d'une capacité hors ligne comme architecte et comme écrivain, un zèle extraordinaire, suscité par des causes dont nous n'avons pas à nous occuper ici, s'empara de tous les catholiques anglais pour élever de nouveaux temples à leur culte et de nouvelles maisons hospitalières et d'instruction pour leurs pauvres. Arrivé en son temps et en sa place, l'auteur des *Contrastes* devenait nécessairement le maître absolu de la situation; aussi lui adressa-t-on de toutes parts des demandes de projets d'églises, de couvents et d'écoles; et c'est à partir de ce temps, et grâce à sa prodigieuse activité d'une part, et, d'autre part, aux libéralités plus que royales que consacrèrent alors à des fondations pieuses et de charité des hommes tels que le comte de Shrewsbury, cet ami et protecteur de Pugin, sir Thomas Sing, cet ardent promoteur de la renaissance de l'art chrétien, et maints autres personnages non moins enthousiastes, non moins généreux, pour venir en aide au succès de cette espèce de croisade catholique dont le contre-coup, par voie d'autorité et d'intolérance politique, s'est naguère fait sentir à propos d'investitures papales; c'est à partir de ce temps, disons-nous, que l'on vit s'élever sur toute la surface du Royaume-Uni, comme par enchantement et sous la magique direction de Welby et de son école, cette foule de grands monuments gothiques dont la description exigerait des volumes et dont nous ne pouvons, par conséquent, citer brièvement ici que les plus remarquables parmi ceux dus exclusivement au crayon du grand artiste auquel est consacrée la présente notice.

D'après *the Builder*, journal des architectes, voici la liste des principales constructions gothiques élevées par Pugin ou sous sa direction d'après ses plans :

La gracieuse petite chapelle de Reading ;

L'église de Ste.-Marie, à Derby ;

L'église de St.-Chad, à Birmingham ;

Les églises de St.-Édouard, de Ste.-Marie et deux autres moins considérables, à Liverpool ;

L'église et le couvent de Edge-Hill ;

L'église de St.-Wilfred, à Manchester ;

Les églises de Kenilworth, Oxford, Cambridge, Stookton on Tees, New-Castle upon Tynes, Preston, Ushaw et Keightby;

Les églises de Sheapshear, Warwick, Rugby, Northampton, Stoke upon Trent, Breewood, Woolwich, Hammersmith, Pontefract et Fulham;

Les églises de St.-Wilfred, près d'Alton; de St.-Barnabas, à Nottingham; plus, un couvent et une chapelle dans cette dernière ville;

L'église et le couvent de St.-Bernard, à Leicester;

Les couvents des Sœurs de la Miséricorde, à Birmingham, à Liverpool et à Londres.

Le prieuré de St.-Grégoire, à Downside, près de Bath;

Les colléges de Radcliffe et de Rugby, et la restauration du fameux collége de Maynooth, en Irlande;

Les cathédrales catholiques de Killarnay, d'Enniscorthy et de St.-George, à Soutwark, ainsi que les maisons du chapitre, les écoles et autres édifices qui en forment les dépendances;

Les maisons des pauvres de Sibthorpe, à Lincoln;

La chapelle, le couvent, l'hôpital et l'école de St.-Jean, à Alton, ainsi que la restauration du château de la même localité;

L'église de St.-Giles, à Cheadle, la plus riche des compositions de Pugin pour son ornementation et ses vitraux;

La nouvelle grande entrée monumentale du collége de la Madeleine, à Oxford;

La restauration des églises de Ste.-Marie, à Beverley et à Wymeswold;

La construction et la restauration de plusieurs châteaux, maisons de campagne et hôtels, nommément le Biltongrange, à Warwick, le château de lord Dunraven, à Adaire, en Irlande, le magnifique hôtel Drummond, etc.;

L'église de St.-Augustin, à Ramsgate;

Enfin l'église que M. Scott Murray fait bâtir à Danesfield et que la mort de Pugin laisse inachevée.

Pour qui considère que tous ces immenses travaux furent exécutés par ce grand artiste dans le court espace de douze à quinze années, il y a vraiment quelque chose de prodigieux dans sa fécondité. Habitués que nous sommes à voir des réputations d'habile architecte se fonder parmi nous sur la simple composition d'un édifice plus ou moins monumental, sinon même sur celle de quelques maisons bourgeoises d'un style plus ou moins rococo, nous avons peine à concevoir qu'un seul homme ait, en

***

si peu de temps, pu suffire à si forte besogne ; et cependant, tandis qu'il était engagé dans ces immenses constructions, cet homme extraordinaire trouvait encore, ainsi qu'on va le voir, le loisir d'écrire sur l'archéologie chrétienne plusieurs ouvrages de premier ordre. Mais, avant d'en arriver là, nous avons à dire quelques mots du mérite des œuvres architectoniques de Pugin. Les cathédrales et églises qu'il a bâties et décorées sont généralement en gothique des XVe et XVIe siècles, mélangé presque toujours de quelques traits propres au style du XIIIe et du XIVe siècle. On lui a souvent reproché d'avoir préféré le gothique fleuri de la décadence à celui si pur, si sévère et si majestueux des périodes antérieures. Ce reproche est fondé en principes, surtout au point de vue de l'école française; mais nous pensons que les critiques de cette nation qui le lui ont adressé n'ont point assez fait la part des influences locales et historiques qui ont naturellement dû exercer leur action sur la voie suivie par Pugin. Ainsi, quoi qu'en ait pu dire le savant M. Didron dans l'enthousiasme que lui avait inspiré la vue des cathédrales de Lincoln, Salisbury, Westminster et de quelques autres monuments gothiques de l'Angleterre qui appartiennent au style du XIIIe siècle, il n'en est pas moins vrai que la majeure partie des nombreux édifices religieux et civils que ce pays a conservés du moyen âge étant dans le style des dernières périodes de l'art chrétien, le peuple anglais a gardé pour ce style une prédilection d'autant plus marquée qu'elle donne satisfaction à ce sentiment d'orgueil national qui lui fait considérer le gothique fleuri comme étant d'origine purement anglaise, et par conséquent comme préférable à tout autre. Nous aurons occasion, dans la suite de cette notice, de rencontrer quelques circonstances biographiques qui confirment en quelque sorte l'opinion ici avancée, que ce n'est pas tant par prédilection personnelle que par concession aux exigences de ses compatriotes que l'illustre Welby a généralement pris pour prototypes de ses compositions les gracieux et élégants édifices de l'école de William de Wykeham. Quoi qu'il en soit, malgré les reproches qu'il lui a souvent faits à cet égard, le savant critique français que nous venons de nommer n'en avait pas moins décerné à Pugin le sceptre de la renaissance de l'art chrétien en Angleterre; et l'on trouve dans les *Annales archéologiques de France* de nombreuses et bien justes appréciations du grand architecte anglais et de ses œuvres. C'est ainsi que, dans sa lettre adressée en 1847 à M. Guilhermy et publiée dans son précieux recueil, M. Didron dit à propos de la magnifique église de St.-Giles, à Cheadle : « M. Welby Pugin ressuscite le moyen âge, corps et âme ; » aussi poëte qu'architecte, il a mis une pensée dans chacune des pierres brutes et

» sculptées de son église; partout se révèle la pensée symbolique de l'éminent artiste. » Et, à cette occasion, nous croyons devoir faire remarquer que, bien avant qu'eût été publié le remarquable ouvrage du savant directeur des *Annales archéologiques* sur l'iconographie chrétienne, Pugin avait non-seulement retrouvé la clef de cette sublime poésie de l'art au moyen âge, mais qu'il en avait déjà réalisé les plus heureuses conceptions dans l'ornementation de ses églises. Mais reprenons l'énumération des publications de l'infatigable Welby.

En 1841 parut son ouvrage, intitulé : *Vrais principes de l'architecture ogivale*. C'est une exposition des principes du système chrétien au triple point de vue de la science, de l'esthétique et du symbolisme ; l'auteur y fait preuve d'un remarquable esprit d'analyse. Jugeant inutile de rien ajouter aux montagnes de stérile érudition qui ont été amassées depuis tantôt un siècle sur la question des origines de l'ogive, il se contente d'admettre que l'architecture ogivale n'est point le caractère primitif de l'art chrétien ; que le bizantin, le lombard, le saxon et le normand furent toujours des développements divers de l'architecture chrétienne d'après un plan cruciforme et avec des symboles chrétiens ; enfin, que l'architecture ogivale fut le suprême résultat, l'expression la plus juste et la plus naturelle du spiritualisme chrétien arrivé à son plus haut période. Loin de penser avec le paradoxal Kotzebue qu'il faille tout abandonner au sentiment du beau, il était d'avis que, dans le domaine de l'art, ce sentiment, lorsqu'il n'est point éclairé par la science des principes, présente de grands écueils et conduit à des productions qui ne sont souvent que des caricatures. Il avoue avoir lui-même longtemps méconnu les vrais principes du style gothique et commis de nombreuses erreurs à ce sujet : ce qui était d'ailleurs inévitable, attendu que, dans la résurrection d'un art longtemps perdu, toute imitation ou restauration doit nécessairement être une série d'expériences où tout est à créer, depuis le maître constructeur jusqu'au simple ouvrier. Il pensait, ainsi que l'a si bien exprimé M. Jules Renouvier, que la forme dans l'art n'est qu'une enveloppe sous laquelle il faut chercher le sentiment et la pensée de l'artiste et de la société au milieu de laquelle cet artiste a créé son œuvre. Dans son opinion, le grand défaut des ouvrages gothiques modernes, c'est que les plans en sont souvent tracés sans une connaissance suffisante des principes de composition et d'exécution des artistes anciens ; et c'est pourquoi il est beaucoup plus important de propager ces principes que de multiplier les modèles pour une imitation servile ; et, en effet, le vrai moyen de devenir un bon architecte chrétien ne consiste pas seulement à s'entourer de recueils de dessins d'ensemble et d'épures de détails géométriques — quelque utile et importante que puisse être d'ailleurs l'étude comparée des formes — mais en outre, et surtout, de se mettre en possession des vrais principes, puis de les développer soi-même et de saisir l'esprit des temps passés, l'idée vraiment chrétienne de l'art. Or, voici quelques-unes des déductions pratiques que Pugin tire de la discussion de principes dont nous venons de donner une faible idée :

« Il ne doit y avoir dans un édifice aucun trait qui ne soit nécessaire à la
» convenance, à la construction et au caractère de l'édifice. L'ornementation ne doit
» consister que dans l'embellissement de la construction essentielle de l'édifice et
» toujours être en parfait accord avec le caractère architectural de celui-ci. Le
» moindre détail doit avoir sa signification ou répondre à un but. Le mode de
» construction doit varier avec la nature des matériaux employés, et les dessins doivent
» être adaptés aux matériaux qui serviront à les réaliser. Enfin, l'aspect intérieur
» et extérieur d'un édifice doit révéler le but auquel il est destiné et se trouver en
» harmonie avec ce but. »

Ces principes, si rationnels et qui sont maintenant généralement admis comme des vérités, furent cependant alors considérés comme de hardies innovations ; mais Pugin se hâta de prouver qu'on se trompait, et, dans un nouvel ouvrage qu'il fit bientôt paraître sous le titre d'*Apologie de la Renaissance de l'Architecture chrétienne en Angleterre*, il démontra que ces mêmes principes avaient été entièrement, religieusement observés dans les belles constructions gothiques du moyen âge, et conséquemment qu'il y avait nécessité absolue de les adopter, si l'on voulait faire revivre le style ancien dans toute sa beauté primitive.

« Il n'y a pas de livres, dit M. Didron en parlant des vrais principes et de
» l'*Apologie* ici en question, qui aient poussé plus puissamment à la rénovation de
» l'art de notre époque et qui aient plus impitoyablement et plus justement stigmatisé
» les vandales de toute couleur et de toute croyance ; » et ce jugement du savant archéologue français a été plusieurs fois confirmé par le principal organe du mouvement archéologique en Angleterre, le journal *l'Ecclésiologiste*.

Vers la même époque, Pugin publia dans la *Revue de Dublin* deux Mémoires accompagnés de belles planches de sa composition sur l'*état actuel de l'architecture ecclésiastique en Angleterre*. Cet ouvrage fit sensation, et le clergé catholique du

Royaume-Uni s'empressa de reconnaître, d'une part, la justesse des observations faites par l'auteur sur l'état de décadence et de corruption dans lequel était tombé tout ce qui tient aux cérémonies du culte, et d'adopter, d'autre part, les réformes proposées par lui, pour en revenir à la ponctuelle observance des anciens usages en ce qui concerne la liturgie, le mobilier des églises et les vêtements sacerdotaux.

Comme complément de cette dernière publication, Pugin fit bientôt après paraître son *Glossaire sur les Ornements et Costumes ecclésiastiques.* « Ce livre, dit M. Didron, » est plein de science ; c'est une encyclopédie aussi complète qu'il est possible de la » faire aujourd'hui sur l'ameublement et la décoration des églises et sur les vêtements » sacerdotaux. Sa composition a dû coûter à l'auteur d'immenses recherches dans » tous les ouvrages de liturgie catholique. »

Après le *Glossaire*, Pugin fit successivement paraître les trois ouvrages dont voici les titres : *Modèles de meubles dans le Style gothique du XVe siècle ; Modèles d'ouvrages en Fer et en Bronze dans le style des XVe et XVIe siècles ; la Flore gothique*, magnifique in-folio de planches chromolithographiques, qui ouvrit aux artistes un champ tout nouveau d'investigation, en leur montrant la manière dont les plantes et les fleurs peuvent être appliquées par le sculpteur et le peintre à la décoration ecclésiastique.

Enfin parut, en 1849, le *Traité sur les Jubés et Clôtures de chœurs, sur leur Antiquité, leur Usage et leur Symbolisme.* Ce dernier ouvrage de Pugin fit aussi grande sensation en Angleterre. Il souleva entre les écranistes et les anti-écranistes une polémique irritante et trop peu mesurée, qui durait encore au moment où la plus cruelle des maladies vint enlever pour jamais cet homme de génie à ses nobles travaux.

« Le *Traité des Écrans*, dit M. Didron, est une sorte de pamphlet contre » les braves curés qui non-seulement refusent de rebâtir les jubés aujourd'hui détruits » de leurs églises, mais qui ne seraient pas fâchés qu'on renversât ceux qu'ils possèdent » encore. Pour montrer l'esprit qui l'anime, M. Pugin a mis en épigraphe, à la » première page de son livre : *Ne transgrediaris terminos quos posuerunt patres tui.* » Dans son texte, M. Pugin parle des clôtures de chœur et d'autel et des jubés » d'Italie, d'Espagne, d'Allemagne, de Belgique, de France et d'Angleterre. Il » termine en flagellant les quatre classes d'ambonoclastes, qui sont les calvinistes, » les païens du XVIIe siècle, les révolutionnaires et les hommes de notre temps.

* * * *

» C'est un ouvrage plein de science, un traité complet sur cette belle question
» archéologique et liturgique à la fois (1). »

Tels sont dans leur ensemble, mais bien inhabilement exposées, les principales œuvres qui ont rempli la vie malheureusement si courte de l'éminent artiste que vient de perdre le monde chrétien. S'il avait plu à Dieu d'accorder pleine carrière sur le sol de la protestante Angleterre à ce vaillant croisé du XIX° siècle, que de services encore il eût pu y rendre à la cause catholique ! Ses travaux ont dévoré sa vie, mais ils lui survivent et le feront grandir aux yeux des générations à venir. Il suffit, pour se faire une idée assez juste de la puissance de son génie, de comparer l'état actuel de l'architecture chrétienne en Angleterre avec ce qu'elle y était il y a vingt ans au plus. Bien que, dans ces derniers temps, Pugin ait eu de nombreux compétiteurs de grand talent dans sa patrie, il n'en est pas moins incontestable que c'est à lui et à son père, à leur excellent enseignement et à leur exemple, que ces artistes sont redevables de leur science et de leurs succès. Nous n'ignorons pas que la question de l'archéologie chrétienne avait été reprise, avant l'époque des Pugin, par des savants anglais, notamment par Langlay, Horace Walpole, J. Bentham, Dallaway, Milner, etc.; mais ils n'avaient traité la question qu'au point de vue spéculatif, tandis, au contraire, que les travaux d'Auguste et de Welby Pugin ont eu un but essentiellement pratique : la renaissance effective de l'art gothique en Angleterre.

Welby fut le premier élève de son père, et il a énormément distancé son illustre maître. A l'un, le mérite d'avoir rétabli sur son piédestal la statue dont les débris gisaient oubliés et épars sur le sol ; à l'autre, le mérite bien plus grand d'avoir donné à cette statue le souffle de la vie ; au premier la reconstitution des formes typiques, mais au second la résurrection du génie créateur.

Malgré toute notre admiration pour Welby, nous sommes loin d'approuver toutes ses œuvres ; il n'est d'ailleurs pas de grand maître sans défauts, et, s'il a commis des fautes, il était le premier à en convenir ; il n'est peut-être pas d'artiste qui ait mieux compris que lui combien la réalisation d'une conception architectonique est

---

(1) L'esprit d'exaltation qui règne dans ce livre nous rappelle cet aphorisme de Montaigne : « Nous pouvons saisir la vertu de façon qu'elle en deviendra vicieuse, si nous l'embrassons d'un » désir trop aspre et violent. »

toujours inférieure à l'idéal de son auteur. Critique impitoyable pour les hérésiarques de l'art, il ne l'était pas moins pour ses propres errements ; et l'amour de l'art l'emporta toujours en lui sur l'amour-propre de l'artiste.

On chercherait vainement dans les temps modernes un génie plus puissant et plus universel dans toutes les branches de l'art : soit qu'il traçât le plan d'une haute cathédrale ou qu'il dessinât la broderie d'un vêtement sacerdotal, soit qu'il peignît une splendide verrière ou qu'il composât l'enluminure ou la simple reliure d'un livre de prières, Pugin y mettait toujours tout ce qu'il avait de zèle, de sollicitude et de science ; pour cet apôtre de l'art, travailler c'était prier et glorifier le service de Dieu. Pugin, contrairement à ce que l'on voit habituellement chez les artistes d'une certaine valeur, ne s'était point fait l'esclave d'un système préconçu, en d'autres termes, il repoussait toute affectation de maniériste ; sauf la stricte observation des quelques règles fondamentales dont il avait prouvé la vérité dans son *Traité des vrais principes*, il voulait que l'artiste conservât toute sa liberté d'action et visât toujours au progrès de l'art ; et la meilleure preuve qu'il n'eut jamais, ainsi qu'on l'en a quelquefois accusé, l'étroite pensée d'entraver systématiquement l'essor du génie, se trouve dans les changements notables que subit successivement son style architectonique. C'est également à tort que quelques-uns de ses adversaires lui reprochèrent de copier servilement les anciens ; car, s'il possédait à fond la connaissance des formes typiques du moyen âge, cela ne l'empêchait pas d'être parfaitement original et créateur dans les heureuses combinaisons qu'il savait en faire, ainsi que dans leur adaptation aux projets qu'il avait conçus. Souvent consulté par de jeunes architectes, il les conjurait instamment, ainsi qu'il le fait dans son *Traité des Jubés*, de tenir compte des besoins de notre époque ; de ne jamais sacrifier les vrais principes aux caprices de la mode ou de la fantaisie, mais de toujours tendre à prouver que ces mêmes principes se prêtent aisément à toutes les exigences actuelles de la vie domestique, civile et religieuse.

« Si vous voulez assurer, leur disait-il, le succès durable de la renaissance gothique,
» faites en sorte que l'on trouve dans toutes vos constructions : lumière, espace,
» ventilation, facile accès, distribution commode, enfin toutes ces conditions de
» bien-être, de salubrité et d'élégance qui sont devenues des nécessités absolues dans
» notre état de civilisation luxueuse et utilitaire. Évitez cependant tout détail superflu,
» tout hors-d'œuvre inutile, tout faux semblant ; et s'il s'agit d'un édifice destiné au
» culte ou à un service public, attachez-vous surtout à la majesté des proportions

» et à la solennité de l'effet, car il importe essentiellement que tout ce qui se rapporte
» à Dieu ou à la patrie élève la pensée du fidèle ou remplisse d'un noble orgueil le
» cœur du citoyen. Lorsque vous voulez imiter quelque type ancien, gardez-vous de
» tout engouement irréfléchi ; sachez discerner le bon grain d'avec l'ivraie ; enfin,
» n'oubliez pas que l'âge d'un monument n'est pas toujours un titre suffisant à notre
» vénération, et qu'à toutes les époques et dans toutes les écoles il y a toujours eu
» des hommes qui ont fait fausse route. » Que de sagesse dans ces préceptes ! quel sentiment profond de l'esthétique dans cet enseignement !

Dans ces derniers temps, Pugin s'occupait beaucoup moins d'architecture que de composition ornementale ; on peut attribuer ce changement dans la direction de ses travaux aux diverses causes que voici.

Dans la sphère élevée où l'avaient placé l'indépendance de son caractère, ses nobles instincts d'artiste et ses légitimes succès, Pugin cultivait son art bien plus par amour que par désir du gain : aussi préféra-t-il souvent renoncer à de lucratifs honoraires plutôt que de se soumettre aux caprices d'un amateur sans goût ou d'un présomptueux ignorant. C'est aux concessions qu'il avait antérieurement eu la faiblesse de faire à de pareilles exigences qu'il attribuait lui-même les principaux défauts reprochés à ses constructions ecclésiastiques, et c'est pour expier à ses propres yeux ce qu'il appelait ses péchés de jeunesse qu'il érigea à ses frais, près de sa résidence de Ramsgate, la petite église de St.-Augustin, si remarquable par la pureté et la sévérité de son style, et dans laquelle sa noble dépouille mortelle vient d'être si prématurément déposée. C'est à propos des difficultés que les artistes éprouvent si souvent de la part de leurs clients pour faire adopter leurs idées qu'il écrivait dans une de ses piquantes brochures : « De même qu'il se trouve dans tout concile
» de canonisation un avocat du diable, il y a toujours aussi dans tout conseil où
» il s'agit de décider l'érection d'une église un personnage analogue, qui essaie de
» tout gâter, personnage qui apparaît tantôt sous la figure d'un enragé membre de
» comité ou de fabrique, tantôt sous celle d'un ecclésiastique imbu de préjugés, ou
» bien encore sous l'apparence d'un bienfaiteur plus généreux qu'éclairé ; et presque
» toujours ce diabolique adversaire de l'artiste, entraînant après lui les moutons de
» Panurge, réussit à défigurer à coups de griffe le projet primitif. »

Sous l'active et savante influence de la nouvelle école française d'archéologie chrétienne, il s'est manifesté depuis quelques années en Angleterre une réaction marquée contre le style

de l'école du grand Guillaume de Wykeham, école qui a fourni les formes du gothique anglais des XV⁰ et XVI⁰ siècles, et dont Welby, à l'exemple de son père, s'était toujours montré le trop enthousiaste imitateur. C'est à l'occasion de cette réaction que M. Didron disait dès 1847 dans ses *Annales* : « De jeunes artistes anglais, fort
» heureusement, répudient en ce moment le style agonisant du XV⁰ siècle pour
» adopter celui du XIII⁰. M. Scott, l'un d'eux, donne énergiquement le signal
» de ce retour aux bonnes traditions. Nous espérons que M. Pugin ne se laissera
» pas devancer davantage, car c'est lui qui doit continuer de tenir le sceptre de la
» Renaissance ogivale en son pays. » Le conseil était bon, sans doute ; mais, pour pouvoir le suivre, n'eût-il pas fallu à Pugin un courage surhumain ? Ces cinquante églises qu'il avait bâties et décorées, pouvait-il, en conscience, les marquer lui-même du sceau du rebut ? Si nous ne nous trompons, la retraite du grand architecte sous sa tente pourrait bien avoir eu pour motif déterminant la triste alternative de renier son glorieux passé ou de continuer de marcher sciemment dans une voie qui n'était plus la meilleure. Au reste, on peut aussi supposer — et vraiment nous voudrions pouvoir nous persuader que cette hypothèse de notre part est plus fondée que celle précédente — que Welby Pugin, ayant reconnu que, grâce aux travaux récents des archéologues français, anglais et allemands, la question de l'architecture ecclésiastique proprement dite avait enfin reçu une solution aussi complète que possible, il convenait maintenant de travailler à remplir l'importante lacune qui existe encore en ce qui concerne la pratique de l'ornementation iconographique des églises, de leur ameublement, etc.

Nous avons déjà dit que Pugin excellait dans toutes les branches de l'art chrétien et qu'il avait surtout un immense talent comme ornemaniste ; aussi est-ce à lui que fut confiée la décoration intérieure du nouveau palais de Westminster, de ce splendide monument qui est peut-être la plus grande œuvre d'art des temps modernes. Il fit faire de grands progrès à la renaissance de la peinture sur verre, et les magnifiques verrières, faites d'après ses cartons et que son associé et ami, M. Hardmann, de Birmingham, avait exposées au Palais de Cristal, ont été jugées supérieures de beaucoup aux œuvres similaires exposées par tous les concurrents.

Un autre genre dans lequel il excellait également était celui du paysage à l'aquarelle. Il a laissé des portefeuilles bien riches en sujets de l'espèce, notamment une collection de souvenirs du beau pays de Kent, que l'on dit surtout remarquables par d'étonnants effets de lumière et d'ombre.

*****

Nous terminerons cette notice, que nous regrettons vivement de ne pouvoir, faute de temps et de renseignements suffisants, rendre à la fois plus complète et plus courte, par quelques mots relatifs au caractère de Pugin. Il était foncièrement bon et généreux, et bien qu'il se soit souvent, trop souvent peut-être, laissé entraîner par son enthousiasme, ou plutôt par son fanatisme pour l'art, à des discussions irritantes, pleines de sarcastiques personnalités et entachées d'un esprit d'intolérance qui n'est plus de notre temps et qui ne révèle que trop le nouveau converti, il n'a jamais nourri le moindre sentiment d'aigreur ni d'inimitié envers aucun de ses antagonistes; et l'on sait qu'il n'a cessé d'entretenir les relations les plus amicales avec ceux-là même dont il critiquait les travaux avec le plus de sévérité. Champion d'une cause qu'il croyait bonne par excellence, il la défendit toujours avec la chaleur et l'entraînement d'un esprit convaincu, mais sans y mettre jamais le moindre amour-propre ni la moindre jalousie de métier. Il pratiquait, dans toute la sincérité de son âme, le principe qu'il avait posé, que tout homme animé du véritable esprit de l'art chrétien doit n'avoir d'autre intérêt que celui de cet art, et que, loin de prétendre à dominer ses rivaux, il doit être satisfait de s'en voir égalé et éprouver du bonheur à en être surpassé. Les trésors d'érudition et d'expérience qu'il avait amassés étaient toujours à la disposition de ceux qui y avaient recours; et, malgré sa parfaite discrétion à cet endroit, on sait qu'il est maints de ses collègues qu'il a tirés d'embarras en leur donnant la solution de difficultés techniques qui leur semblaient insurmontables. Il avait pour lui-même aussi peu souci de renommée que de bénéfices matériels, et la preuve en est qu'il a dépensé en constructions religieuses et de charité la grande fortune qu'il avait si noblement acquise. Un trait caractéristique de la nature toute poétique de Pugin, c'était sa vive passion pour la mer. Les promenades en mer étaient sa distraction favorite, et il tenait à sa résidence de Ramsgate un cutter toujours prêt à porter secours aux vaisseaux que les récifs de Goodwins mettent si souvent en péril dans ces parages.

La reine Victoria vient d'accorder une pension de 100 livres à la veuve de Pugin et à ses sept enfants. Dans un pays comme l'Angleterre, où les services rendus sont toujours si généreusement récompensés, c'est peu, sans doute, qu'une pension de 100 livres pour honorer la mémoire d'un homme tel que Pugin; mais il faut tenir compte de l'attitude menaçante que cet apôtre du catholicisme avait prise envers la religion dont cette reine est la grande-prêtresse.

Le fils aîné de Welby, M. Édouard Pugin, a embrassé la même carrière que son aïeul et son père ; il a hérité d'eux non-seulement de leurs vertus, mais aussi d'une belle intelligence, d'une solide instruction et d'excellentes traditions : c'est assez dire que nous avons l'assurance qu'il perpétuera dans son illustre famille la puissance du génie qui se consacre au service d'une belle cause, celle de la rénovation du grand art chrétien dans sa manifestation la plus élevée, l'architecture, ce premier des arts (comme l'a si justement dit naguère l'éloquent auteur *Des Intérêts Catholiques au XIXᵉ siècle*), ce premier des arts par la durée, la popularité et la sanction religieuse (1).

Enfin, pour résumer notre pensée sur l'artiste éminent dont nous venons de dire la vie et les travaux, nous répéterons ces mots du savant directeur des *Annales archéologiques* : « La mort de Pugin est une défaillance pour l'archéologie chrétienne,
» c'est une perte irréparable pour l'Angleterre. On voudrait mourir après avoir accompli
» une existence aussi active, aussi utile, aussi glorieuse que celle dont cet homme
» de génie et de dévoûment nous a donné l'exemple ! »

---

(1) Nous citons d'autant plus volontiers ce dernier ouvrage de M. de Montalembert, qu'il a pris soin de calmer dans les lignes suivantes les craintes, *niaises* selon lui, mais bien sérieuses suivant nous, que nous avait jusqu'ici fait concevoir la participation de certains ultramontains au mouvement archéologique actuel.

« Certes, il ne s'agit pas de ressusciter le moyen âge : on le voit bien, et ceux qui nous opposent
» cette niaise appréhension le savent mieux que personne. Ce serait aussi impossible que de refaire
» *l'Iliade*, et aussi inutile que de recommencer le siége de Troie. » Ce langage du noble comte nous rassure et nous fait espérer que le temps viendra bientôt où il sera tout-à-fait convaincu que la liberté peut marcher de pair avec la religion, et que celle-ci n'a pas plus à gagner que celle-là au retour d'un despotisme politique quelconque, non plus qu'à celui de la doctrine religieuse du trop fameux Grégoire VII. Et, à ce propos, comme dans ces temps de fluctuations politiques on ne voit que trop de gens qui, toujours disposés à saluer le soleil levant, imitent avec une énorme facilité ces oiseaux dont parle Lucrèce et qui changent de voix selon les différents temps, nous éprouvons le besoin de dire à ces gens-là qu'aujourd'hui, comme hier et comme demain, toutes nos sympathies sont et seront toujours pour les défenseurs de la liberté telle que l'entend notre admirable Constitution belge. Cela posé, nous pourrons, si nous en avons le loisir, continuer en pleine liberté nos études archéologiques sans avoir à craindre que l'on se méprenne sur le but exclusivement artistique que nous y poursuivons.

TYPES

D'ARCHITECTURE GOTHIQUE.

Table des Sujets et Planches contenus dans le troisième et dernier volume, avec indication de leur placement pour la reliure.

FRONTISPICE.   Portrait de A. Welby Pugin, d'après J. R. Herbert.

CLOS DES VICAIRES CHORAUX DE WELLS, COMTÉ DE SOMERSET.

	PLANCHES	
N°. 1.	—	I. Plan général par terre de l'édifice tel qu'il fut restauré et complété par les exécuteurs testamentaires de l'évêque Beckington.
N°. 2.	—	II. Élévation et coupe transversale de l'une des 42 maisons toutes pareilles que comporte le clos pour l'habitation des vicaires.
N°. 3.	—	III. Plan et coupe longitudinale d'idem.
N°. 4.	—	IV. Souche de cheminées et fenêtre d'idem.
N°. 5.	—	V. Élévation et coupe de la fenêtre en encorbellement dont l'emplacement est indiqué par **i** au plan général de la planche I.
N°. 6.	—	VI. Plan et détails de la même fenêtre. Élévation du pignon sur rue dans lequel est logée cette fenêtre.

N°. 7.	—	VII. Plan, élévation, coupe et détails de l'un des petits porches qui donnent accès aux jardins des vicaires. Écussons armoriés dont il est question dans l'explication des planches précédentes.
N°. 8.	—	VIII. Façade du sud et coupe transversale de la chapelle et de la bibliothèque.
N°. 9.	—	IX. Plans et quelques détails d'idem idem.
N°. 10.	—	X. Élévation et coupe de la porte de la chapelle.
N°. 11.	—	XI. Élévation extérieure, coupe et détails d'une travée de la chapelle et de la bibliothèque.
N°. 12.	—	XII. Clocheton et niche angulaire d'idem idem.
N°. 13.	—	XIII. Plan par terre du corps de bâtiments qui comprend le porche d'entrée, le réfectoire et le passage de jonction du clos avec la maison du chapitre métropolitain.
N°. 14.	—	XIV. Plan du 1er. étage qui correspond au rez-de-chaussée de la planche précédente.
N°. 15.	—	XV. Façade sur rue, comprenant le réfectoire, la grande porte d'entrée du clos, ainsi qu'une coupe transversale du passage de jonction.
N°. 16.	—	XVI. Élévation et coupe de la fenêtre en encorbellement située au-dessus du porche d'entrée du clos.
N°. 17.	—	XVII. Détails de la même fenêtre.
N°^{os}. 18 et 19.	—	XVIII et XIX (planche double). Coupe transversale du réfectoire et façades orientales du passage de jonction et de l'avant-corps qui comprend le grand escalier et la tour.
N°. 20.	—	XX. Travée centrale de la façade orientale du passage de jonction.
N°. 21.	—	XXI. Façade nord du corps de bâtiments qui comprend le réfectoire et ses dépendances, une coupe transversale de la cage du grand escalier y incluse.
N°. 22.	—	XXII. Élévations intérieure et extérieure de l'une des fenêtres à lancette du réfectoire. — Détails y relatifs.
N°. 23.	—	XXIII. Coupe longitudinale comprenant le réfectoire, la cuisine, les pièces du rez-de-chaussée qui y correspondent et le porche d'entrée du clos.

TYPES D'ARCHITECTURE GOTHIQUE.

N°. 24. — XXIV. Cheminée et chenets du réfectoire.
N°. 25. — XXV. Coupe transversale du réfectoire comprenant, d'une part, celle de l'antichambre qui mène de cette salle à la galerie du passage, et, d'autre part, la coupe longitudinale de l'avant-corps, déjà cité, qui contient le grand escalier et la tour y contiguë.
N°. 26. — XXVI. Détails divers mentionnés dans la description des planches précédentes.

MANOIR ET ÉGLISE DE GREAT-CHALFIELD, COMTÉ DE WILTS.

MANOIR.

PLANCHES.

N°. 27. — I. Vue pittoresque du manoir et de l'église (côté du nord-ouest).
N°. 28. — II. Plan général par terre d'idem idem.
N°. 29. — III. Plans par terre et de premier étage du manoir.
N°. 30. — IV. Façade nord du manoir et statuettes de couronnement des gables.
N°. 31. — V. Coupe longitudinale du manoir.
N°. 32. — VI. Deux coupes transversales d'idem. — Détails.
N°. 33. — VII. Élévation et coupe de la fenêtre sémi-circulaire située dans la façade du nord (planche IV).
N°. 34. — VIII. Plans et détails de la même fenêtre.
N°. 35. — IX. Élévation intérieure et autres détails d'idem.
N°. 36. — X. Fenêtre en loge et autre fenêtre de la halle ou grande salle du manoir (façade du nord).
N°. 37. — XI. Élévation et coupe de la fenêtre octogonale située dans la même façade.
N°. 38. — XII. Plans et détails d'idem.
N°. 39. — XIII. Plan, coupe et détails du porche d'entrée de la halle.
N°. 40. — XIV. Plan et détails de la fenêtre en loge située au côté nord-est de la halle.
N°. 41. — XV. Trois fenêtres à amortissement rectangulaire, prises en différentes parties du manoir.

N°. 42. — XVI. Élévation et coupe de la cheminée de la halle; détails de sa grande souche.

N°. 43. — XVII. Élévation et détails de l'écran en bois de chêne situé au bas bout de la halle.

N°. 44. — XVIII. Détails du même écran.

N°. 45. — XIX. Grandes rosaces armoriées en bois de chêne et autres détails décoratifs du plafond de la halle.

N°. 46. — XX. Petites rosaces en plâtre et autres détails du même plafond.

ÉGLISE.

PLANCHES.

N°. 47. — I. Façade du couchant et coupe longitudinale.

N°. 48. — II. Coupe transversale, plan par terre et détails ornementaux.

N°. 49. — III. Élévations de face et de flanc du porche; détails d'idem.

N°. 50. — IV. Demi-élévation et demi-coupe du clocher; fenêtre du couchant et détails d'idem.

N°. 51. — V. Écran en pierre d'une chapelle intérieure.

N°. 52. — VI. Détails d'idem.

N°. 53. — VII. Siége et chaire en bois de chêne; piscine en pierre.

N°. 54. — VIII. Autel-tombe de Thomas Tropenell et de sa femme.

MANOIR DE SOUTH-WRAXHALL, COMTÉ DE WILTS.

PLANCHES.

N°. 55. — I. Vue pittoresque du manoir (côté du sud-ouest).

N°°. 56 et 57. — II et III (planche double). Plan par terre du manoir.

N°°. 58 et 59. — IV et V (idem) Plan de premier étage d'idem.

N°. 60. — VI. Façade extérieure et plan de la grande porte d'entrée.

N°. 61. — VII. Coupe longitudinale et plan du premier étage d'idem.

N°. 62. — VIII. Élévation et coupe de la fenêtre en encorbellement qui surmonte cette porte.

N°. 63. — IX. Détails de la même fenêtre.

N°. 64. — X. Façade de la halle et de la salle d'introduction; détails y relatifs.

N°. 65. — XI. Élévation, coupe et détails du porche de la halle.

TYPES D'ARCHITECTURE GOTHIQUE.

N°. 66.	—	XII. Élévations intérieure et extérieure, coupe et détails de la fenêtre en loge qui éclaire le côté sud-ouest de la halle.
N°. 67.	—	XIII. Élévations intérieure et extérieure, coupe et détails d'une autre fenêtre de la halle.
N°. 68.	—	XIV. Coupes longitudinale et transversale de la halle et des deux fenêtres en loge qui l'éclairent au nord-ouest et au sud-ouest.
N°. 69.	—	XV. Coupe transversale et détails ornementaux des combles de la halle.
N°. 70.	—	XVI. Autres détails des mêmes combles et muffles décoratifs de la façade planche X.
N°. 71.	—	XVII. Vue pittoresque de la salle actuelle d'introduction (style Renaissance).

ÉGLISE DE ST.-PIERRE, A BIDDESTON, COMTÉ DE WILTS.

PLANCHES.

N°. 72.	—	I. Façade du sud et plan par terre.
N°. 73.	—	II. Plan, élévation, coupe et détails du clocheton.
N°. 74.	—	III. Plan, coupe, élévation et détails du porche sud.
N°. 75.	—	IV. Porte intérieure et fenêtre du même porche; piscine d'une chapelle.
N°. 76.	—	V. Fenêtre de la façade du sud; autre fenêtre comprise sous une voussure.

N°. 77. PLANCHE SUPPLÉMENTAIRE. Esquisse du tombeau de la famille Long, dans l'église de Wraxhall. Vue pittoresque des clochetons cavaliers des églises de St.-Pierre et de St.-Nicolas, à Biddeston.

TYPES
D'ARCHITECTURE GOTHIQUE.

CLOS OU COLLÉGE DES VICAIRES CHORAUX
DE LA CATHÉDRALE DE WELLS, COMTÉ DE SOMERSET.

La chantrerie canonicale de cette cathédrale fut instituée en 1237 par l'évêque Trotman, plus connu sous le nom de Jocelin de Wells. (1) Ce prélat créa un grand nombre de nouvelles prébendes, à chacune desquelles (sauf trois auxquelles sa mort l'empêcha de pourvoir) il attacha un chantre bénéficier; il donna à ces chantres ecclésiastiques le titre de *vicaires choraux*, et leur attribua pour fonctions de

---

(1) Élu évêque par les suffrages réunis des deux chapitres de Wells et de Bath, son sacre eut lieu le 28 mai 1206 en la chapelle de Ste.-Marie, à Reading (Dugdale's, *Monasticon*, tome II, p. 277). Il consentit à rendre aux moines de Glastonbury leur ancienne indépendance de la juridiction épiscopale de Wells, mais à la condition qu'ils renonçassent à la propriété de quelques manoirs considérables, ainsi qu'à leur droit de patronage sur plusieurs églises du diocèse; et c'est à partir de cette époque que Jocelin prit le titre d'évêque de Bath et Wells, que portent actuellement encore ses successeurs à ce siége. Jocelin fut exilé en 1208, par le roi Jean, pour avoir, par ordre du Pape, mis le pays en interdit; mais ayant repris, cinq ans plus tard, possession de son diocèse, il fit de grands embellissements à l'église de Wells et enrichit sa mense des grands manoirs de Congresbury, Chedder et Axbridge, que lui avait concédés Hugh, évêque de Lincoln. Ayant fait reconstruire sa cathédrale, il la reconsacra en 1239. C'est lui qui ajouta une chapelle au palais épiscopal de Wells; enfin, après avoir fondé un grand nombre d'autres édifices religieux, il mourut en 1242 et fut enterré, au milieu du chœur de sa cathédrale, sous une pierre tombale en marbre portant son effigie incrustée en cuivre, et qui se trouvait déjà honteusement mutilée au temps où vivait Godwin. (Voir *History and Antiquities of the Cathedral Church of Wells*, by J. Britton, F. S. A., pp. 33, 34 and 106.)

suppléer les chanoines au chœur et à l'autel (1). *Cette institution ne fut cependant régulièrement et définitivement organisée qu'à l'époque où* Walter de Hulle, sous-doyen de la cathédrale de Wells en 1334 et archidiacre de Bath en 1342 (2), fit don de deux maisons et de terres situées dans le premier de ces deux diocèses, à l'effet d'y faire vivre en communauté les treize vicaires choraux alors attachés à la cathédrale.

En 1347, l'évêque Radulphus de Salopiâ, aussi appelé Ralph de Shrewsbury (3), rendit plusieurs statuts et mandements organiques relatifs à cette communauté (4);

---

(1) Vicarios chorales primus ordinavit, qui canonicorum vices in canendo et sacris operando peragerent...... Vicarios in ecclesiâ singulis præbendariis ordinavit; tribus exceptis, quibus non provisit morte præventus. (Voir Godwin, *De Præsulibus Angliæ Commentarius*, in vitâ Jocelini de Wells, pp. 370 et 371, ainsi que Wharton's, *Anglia sacra*, pars i, p. 564, et Collinson's, *History of Somersetshire*, vol. iii, p. 381.)

(2) Voir Le Neve's, *Fasti*, pp. 42 and 43, ainsi que Dugdale's, *Monasticon*, vol. vi, Pt. III, p. 1466. — London 1830.

(3) Radulphus de Salopiâ, multum hic à Wellensibus nostris celebratur, quod collegii vicariorum primus extiterit fundator. (*De Præsulibus*, p. 376, in vitâ Radulphi de Salopiâ.) Après avoir été, en 1328, gardien du garde-meuble royal et chancelier de l'université d'Oxford, il fut élu, en juin 1329, par les deux chapitres de Bath et de Wells et sacré évêque le 3 décembre même année, avant d'avoir reçu l'investiture du Pape, irrégularité qu'il ne put se faire pardonner, dit Walsingham, qu'au prix d'une énorme somme d'argent qu'il dut envoyer à Rome. Ce prélat se montra d'une grande munificence envers sa cathédrale et tout son diocèse; il rédifia de fond en comble l'église de Winscombe et fit élever sur les terres de sa mense de nombreux édifices, nommément la Maison de Justice de Claverton, la Grande-Chambre de Evercreech et une maison de choraux au côté occidental des cloîtres. C'est lui qui fit entourer le palais épiscopal de Wells d'une forte enceinte en pierre et d'un fossé. Il dépensa une somme énorme pour le défrichement de la forêt de Mendip et fit don aux églises de Bath et de Wells de riches vêtements sacerdotaux et autres ameublements ecclésiastiques dont il ne restait déjà plus rien au temps de Godwin, si ce n'est un coffre tout bardé de fer qui servait à garder le sceau du chapitre. Ralph mourut en 1363 à Wiveliscombe, et fut enterré en avant du maître-autel de l'église de Wells; mais, comme l'emplacement de son tombeau gênait le service divin, on le déplaça plus tard, et c'est ainsi qu'il se trouve aujourd'hui encore situé en arrière de la chaire de vérité, dans le bas côté nord de cette église. (Voir Britton's, *Wells Cathedral*, pp. 58, 59 and 109; *Anglia sacra*, pars i, in vitâ Radulphi de Salopiâ, p. 568; Dugdale's, *Monasticon*, vol. ii, pp. 278-279.)

(4) *Monasticon*, vol. vi, p. 1466 and notes; voir aussi l'appendix.

et ayant commencé, l'année d'ensuite, la construction d'un nouveau collége choral, il fit confirmer, par lettres patentes du roi, cette utile institution qu'avaient déjà approuvée les chapitres métropolitains de Bath et de Wells. (1) Ces lettres patentes avaient pour teneur, d'une part, qu'une partie du territoire de l'église St.-André, ainsi que les maisons qu'y avait fait et qu'y ferait encore construire le dit Ralph, serait occupée et tenue en communauté perpétuelle par les vicaires choraux de l'église susdite et par leurs successeurs ; et, d'autre part, que le dit évêque était autorisé à prélever respectivement une rente annuelle de 100 schellings sur les biens de la mense situés à Congresbury et sur d'autres propriétés de même nature sises à Wookey ; et ce, à l'effet de doter annuellemment et perpétuellement, au moyen des 10 livres sterling à provenir d'icelles rentes, les dits vicaires célébrant actuellement et qui célébreront dorénavant l'office divin en l'église précitée, et d'augmenter par là leurs moyens de subsistance. Nous donnons à l'appendice du présent volume l'acte de cette donation. Peu de temps après, ce généreux prélat augmenta les ressources du collége choral en lui donnant une nouvelle rente annuelle de 6 livres 13 sous 4 deniers, ainsi que plusieurs propriétés situées sur les territoires de Wellsleigh, Eston et Dulcol, que Walter de Hulle lui avait léguées en fidéicommis.

Godwin rapporte, dans son ouvrage déjà cité *De Præsulibus*, que, pour perpétuer le souvenir de ce munificent fondateur, on avait placé, sur l'un des murs du porche qui mène au grand escalier du réfectoire de la communauté, un tableau, d'ailleurs pauvrement peint, dont le sujet était l'évêque Ralph assis sur son trône dans le chœur de la cathédrale et recevant des vicaires agenouillés devant lui la prière que voici, inscrite sur un philactère :

« Per vicos positi villæ, pater alme rogamus,
» Ut simul uniti, te dante domos maneamus. »

Prière à laquelle répondait le prélat par un autre philactère :

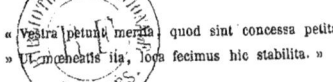

« Vestra petunt merita quod sint concessa petita ;
» Ut mœcheatis ita, loca fecimus hic stabilita. »

---

(1) Pat. 22, Edward III, p. 3, m. 16. Pro mansio vicariorum et terris in Congresbury et Woky.

Lorsque ce tableau, ajoute le même auteur, vint à tomber de vétusté, on le remplaça par un autre qui fut appendu dans le réfectoire, et qui, bien que représentant le même sujet, faisait en outre allusion à des donations ultérieures dont il sera questio ci-après (1).

Le temps a tellement ravagé les constructions primitivement élevées par le fondateur qu'il n'en reste plus aujourd'hui que peu de reliques. On remarquera toutefois, à la planche XXIII (laquelle représente une coupe longitudinale du réfectoire, de la cuisine et de leurs dépendances), que la pièce de rez-de-chaussée que surmonte le réfectoire date, ainsi que les fenêtres à deux jours de cette dernière salle isolément reproduites à la planche XXII, d'une époque beaucoup plus ancienne que les autres parties de ce bâtiment, car celles-ci constituent de superbes types du gothique dit *style décoré*. D'après la disposition symétrique du réfectoire, il est plus que probable que, dans son état primitif, cette salle comportait un plus grand nombre de fenêtres pareilles à celles de la planche XXI. Il n'en existe plus maintenant que trois, dont l'une, donnant sur la rue, est vue à la planche XIV, et les deux autres, prenant jour à l'intérieur du clos, figurent à la planche XXI. Il est permis de supposer que la destruction du fenêtrage primitif a été le résultat des travaux d'agrandissement faits à cet établissement par les successeurs de Ralph. Les fenêtres de la chapelle du clos (rez-de-chaussée, planches VIII et XI) semblent appartenir à la même époque que celles précédentes. L'une de ces fenêtres a été convertie en porte, tout en conservant le tympan à réseau. La preuve de cette altération se voit aisément, lorsqu'on examine de près la maçonnerie des pieds droits de la porte : on remarque, en effet, dans le jambage de droite, un joint de rapport qui s'étend depuis la ligne de naissance jusqu'au sol, ainsi qu'une coupure dans la moulure de la base (voir planche VIII). La porte primitive de la chapelle se trouvait très-probablement dans le mur du pignon occidental, ainsi que l'indique une voûte de décharge visible à l'extérieur, et l'on suppose que cette altération remonte à l'époque où furent établis les petits jardins qui sont à l'entrée de chacune des demeures de vicaire.

---

(1) GODWIN, *De Præsulibus*, in vitâ Radulphi de Salopiâ, p. 576.

Tanner fait mention de lettres patentes des rois Richard II et Henry V ayant pour objet des donations faites au collége choral de Wells (1). Les premières pourraient bien se rapporter à l'évêque Ralph Erghum, qui fut aussi un grand bienfaiteur de l'église cathédrale de Wells, et qui ordonna, par clause testamentaire, la fondation d'un collége dans la rue alors appelée la Mountery (maintenant College-lane) pour y établir en communauté 14 prêtres (2) ou chapelains célébrant journellement dans la cathédrale. Plusieurs auteurs, notamment S. et N. Buck (3), ont confondu ce collége avec le clos des vicaires fondé par les évêques Jocelin et Ralph de Shrewsbury; mais c'est positivement là une erreur, car le collége ecclésiastique de Mountery ou Mounterox fut détruit et ses revenus confisqués à l'époque de la suppression des monastères (4), et c'est sur son emplacement que fut bâti, sous le règne d'Élisabeth, un hôtel appelé *Mountroy-house*, qui a été abattu, il y a cinq années environ, pour y établir un jardin d'agrément. Les frères Buck ont commis une autre erreur en attribuant au même évêque Ralph Erghum la fondation de l'enceinte crénelée du palais épiscopal de Wells, et, aux pages 50 et 51 du manuscrit 905 de Lansdowne, le nom de Ralph de Shrewsbury se trouve écrit en interligne, puis raturé, comme si cet écrivain avait reçu plus tard quelque renseignement contraire à sa première version (5).

---

(1) Tanner's, *Notit. monast.* XLII, Somersetshire. Pat. I, Richard II, p. 5, m. 19 pro eccles. de Meriet approprianda.

(2) *Sacerdotibus porro quatuordecim collegium fundavit Welliæ, ad exitum vici qui inde Collegelane appellatur* (Godwin, *De Præs.*, p. 378).

(3) *Fecit etiam construi per executores suos in vico vocato La Mounterye, mansiones pro XIV capellanis in dictâ ecclesiâ Wellensi indies celebrantibus.* (*Anglia sacra*, pars I, p. 570.) Voir également à ce sujet Harl. MSS. 6968, sous la rubrique Nomina Eporum in Somers. On y trouve littéralement la même citation que ci-dessus, laquelle est extraite du registre de Wells.

(4) Willis's, *Mitred Abbeys*, vol. ii, p. 200.

(5) On lit dans le *Mus. Brit. Bibl.* Lansd. 1255, LXXIX. G. : « Ralph Erghum fit construire, » tout près du nord de l'église, un joli collége pour les vicaires et chantres, et enceindre d'un » mur le palais épiscopal. Qui ob 10 april die Sabbi, et vallavit muris et fossis palatm epi apd. » Wells, et jacet ibm A. D. MCCCC. ira dnical C. i. e. on the sabbath day. »—Ibid. 905, PL. LXXIX. F., pp. 49 and 50 : « Le palais situé au sud de la cathédrale est une belle construction, et comme » il a été fortifié de ce même côté par une enceinte crénelée et par un fossé, il a l'aspect d'un » château fort. Ces travaux furent faits par Ralph de Erghum, qui fut élevé à ce siége en 1388.

Quant à la donation faite sous le règne d'Henry V, il est possible qu'elle ait eu pour auteur l'évêque Nicolas Bubwith, car ses armoiries figurent sur la porte et sur les vitraux peints de la chapelle.

Ce fut l'évêque Thomas Beckington (1) qui fit construire la galerie qui joint, à travers la rue, le clos des vicaires à la cathédrale. Cette belle construction s'étend depuis le réfectoire du clos jusqu'à la maison du chapitre et communique au transept nord de la cathédrale. Cet éminent personnage, dont Godwin nous a fait un si beau portrait, en disant qu'il était à la fois bon homme d'État, bon homme d'Eglise, bon citoyen, bon sujet, bon parent, bon maître et bon homme, fut pour l'église et pour la ville de Wells un bienfaiteur plein de munificence. Il fit construire, dans les premiers temps de son épiscopat, tout un côté de la place du Marché, ainsi qu'un grand aqueduc partant du puits de St.-André et alimentant par un jet continu une belle fontaine située sur cette même place. Il octroya la jouissance perpétuelle de cette fontaine aux maire, frères et bourgeois de la cité, à la charge pour eux de venir prier chaque année sur sa tombe pour le repos de son âme et de celles de tous les fidèles trépassés, et il attacha à l'accomplissement de cet acte pieux une indulgence plénière de 40 jours.

» C'est aussi lui qui fit bâtir le collége pour vicaires et chantres qui se trouve au côté nord
» de l'église. »

On lit également dans le MS. 905, LXXIX. F., p. 50, de Lansdowne : « Le palais de l'évêque,
» situé au sud de la cathédrale, est un édifice admirable par sa grandeur et par l'aspect de
» château fort que lui donnent l'enceinte crénelée et le fossé qu'y fit construire Ralph de Erghum.....
» De l'autre côté se trouvent les jolies maisons prébendaires. Le même prélat a également fait
» bâtir, au nord de la cathédrale, un beau collége pour les vicaires et chantres. »

Dans la *Britannia* de Camden, Ralph de Erghum est aussi cité comme ayant fait construire le collége des vicaires, dont Ralph de Salopiâ avait été le premier fondateur et qui avait été agrandi par Beckington. (Voir tome I, p. 77, Londres 1789, ou p. 187 de l'édition de 1772.—Voir également tome ii des *Types* de Pugin, p. 78.)

(1) Il occupa le siége de Bath et Wells depuis 1443 jusqu'en 1464. Comme il avait pris nom du lieu de sa naissance (Beckington, petite ville près de Frome, Somersetshire), on en a induit qu'il était de vulgaire extraction. Suivant l'article biographique publié en 1828 dans le *Journal de Beckington*, par M. Nicolas Harris, Thomas de Beckington serait né en 1585 et aurait dû, dans les dernières années de sa vie et à raison de son grand âge, solliciter du parlement l'autorisation de ne plus prendre part à ses travaux. Ayant commencé ses études au collége de William de

Beckington fit élever, sur la place du Marché, deux grandes portes monumentales, dont l'une donnant accès au palais épiscopal et l'autre à la cathédrale. Le passage déjà cité qui joint le clos des vicaires à cette église, est, sans conteste, le chef-d'œuvre des édifices fondés par ce prélat. Ainsi que le font voir les planches XVIII et XIX, cette porte de jonction se compose, au rez-de-chaussée, d'un triple passage voûté, dont la grande arche centrale est destinée aux voitures et celles latérales aux piétons, et, à l'étage, d'une galerie couverte par laquelle les vicaires choraux allaient de leur clos à la cathédrale (1). Le style de cet édifice est aussi remarquable par sa pureté

Wikeham, à Winchester, il s'y fit tellement remarquer par son excellent caractère et par sa haute intelligence que cet illustre protecteur des lettres et des arts l'appela bientôt au nouveau collége qu'il venait de fonder à Oxford, et où les succès de Thomas lui valurent, dès 1408, la position d'agrégé. Bientôt après il prit ses degrés de docteur en droit et obtint plusieurs dignités ecclésiastiques. Les principales charges qu'il occupa successivement furent celles de précepteur du jeune roi Henry VI ; de doyen de la cour des Arches (chambre spirituelle ressortissant à l'archevêché de Cantorbury) ; de chancelier du duc Humphrey de Glocester ; d'archidiacre de Buckingham ; de prébendier de Lichfield, York et Wells ; de recteur du collége St.-Léonard, près Hastings, et de celui de Sutton, diocèse de Salisbury. Ayant acquis un grand renom à l'occasion d'un Mémoire qu'il avait écrit contre la loi salique pour prouver les droits des rois d'Angleterre à la Couronne de France, il en fut récompensé par les hautes dignités de premier secrétaire-d'État et de garde du sceau privé. En 1442, Henry VI l'envoya en ambassade pour négocier son mariage avec une des filles du comte d'Armagnac et le fit élire l'année d'après au siége épiscopal de Bath et Wells. (Voir sa biographie, déjà citée, par M. NICOLAS HARRIS ; GODWIN, *De Præsulibus* ; BRITTON's, *Wells Cathedral* ; *Anglia sacra* ; WILLIS's, *Survey of Cathedrals* ; CASSAN's, *Lives of the Bischops of Bath and Wells*, etc.

De nombreux auteurs ont attribué à Thomas Beckington la fondation du clos des vicaires choraux de Wells ; mais cette assertion est infirmée par le passage suivant de l'un des statuts de cet établissement, révisés par ce prélat lui-même : « Chaque vicaire dira en sortant du clos ou en » y entrant un *Pater Noster* et un *Ave Maria* pour l'âme de l'évêque Ralph de Shrewsbury, » fondateur du dit clos, pour les âmes de ses prédécesseurs et de leurs pères et mères, ainsi » que pour celles de tous les bienfaiteurs de la communauté. » (*Statuts et Chartes* du clos des vicaires, p. 12, MS, maintenant en la possession de l'évêque actuel de Bath et Wells.)

(1) On lit à cet égard dans l'*Itenerarium Willelmi de Worcestre*, éd. J. Nasmith, 1778, p. 286 : « Item fecit aliam portam apud le close, extendendo de le close usque le cathedrall chyrch per » vios et voltam sicco pede coopertio ad mat — — et constabat in edificiis ultra D marcas. » Voir COLLINSON, vol. iii, p. 403, ainsi que les ouvrages publiés par J. BRITTON sous les titres de : *Wells Cathedral* et *Picturesque Antiquities of inglish Cities*. On trouve, dans ces deux derniers ouvrages, diverses vues d'ensemble et de détail de l'édifice ici en question.

que par son élégance, et l'exécution de son ornementation en pierre de taille est réellement magnifique. La partie de la galerie qui surmonte l'arche centrale du passage, se compose de deux travées éclairées chacune sur chaque façade par une belle fenêtre ogivale à deux meneaux et dont le compartiment central est une élégante niche occupée par une statue. Un beau parapet crénelé couronne l'édifice, et la séparation des travées est marquée en façade par de riches piliers en application terminés par des pinacles ornés de crochets et de bouquets. La planche XX représente l'élévation extérieure de l'une de ces travées, façade du levant. Les parties de la galerie qui correspondent aux passages latéraux sont éclairées par des fenêtres à deux jours de même style ornemental que les fenêtres centrales, et l'aile gauche, qui se prolonge jusqu'à sa rencontre avec la cage d'escalier de la maison du chapitre, est également percée de fenêtres du même genre, mais à trois jours. Trois écussons aux armes et au rébus de Beckington décorent cet édifice : l'un est placé à la clef de la grande arche, et les deux autres occupent dans chaque façade le centre du mur d'appui des fenêtres qui éclairent la petite pièce menant du réfectoire à la galerie de jonction. — (Voir les planches XII et XIV, ainsi que la planche double XVIII et XIX.)

Le généreux prélat, après avoir laissé par son testament divers legs aux églises de Bath, de Wells et d'autres localités du diocèse, ainsi qu'aux personnes attachées à son service, fit un don de 20 livres sterling à chacun de ses trois exécuteurs testamentaires à charge pour eux de vouloir appliquer en œuvres pies le résidu de ses biens, mission qui fut consciencieusement remplie, car c'est grâce aux grandes améliorations qui furent alors apportées au clos des vicaires que cet établissement devint le plus beau en son genre dans toute l'Angleterre (1). Ces trois exécuteurs des dernières libéralités de Beckington furent : Richard Swan (2), précenteur de Wells et recteur

---

(1) « Opes ab Episcopo relictas impenderunt isti (les exécuteurs testamentaires) universas in
» collegio augendo vicariorum choralium; quod omnium totius Angliæ ejus generis speciosissimum
» reddiderunt. » GODWIN, *De Præsulibus*, p. 881. — « Les trois exécuteurs testamentaires de l'évêque
» Beckington, dit Willis (dans son ouvrage déjà cité sur les *Abbayes mitrées*, tome ii, p. 575),
» furent enterrés l'un à côté de l'autre sous trois pierres tombales parallèles entre elles. »

(2) « John Pope et Ric. Swan, clici, dederunt manerium de Schepham et advocacem ecclæ
» ejusd., quæ habuerunt ex dono et feoffamento Tho. de Bekynton, epi, Willo Witham, decano
» Well. et capitulo, ac alrum totum jus suum in manerio de Ceddre eisdem decano et capitulo,
» in usum et sustentacoem vicariorum choralium eccl. cath. Well. 9. E. IV. » (MSS. 6968, p. 65,
de la Bibliothèque harléienne).

d'Yevelton ; Hugh Sugar, alias Norris, LL. D. (1), trésorier de Wells, et John Pope, alias Talbot (2), DD., prébendier de St.-Decumans et recteur de Shyre. On présume que ce sont eux qui firent restaurer, sinon même reconstruire entièrement, les quarante-deux petites maisons vicariales comprises dans le clos, présomption fondée sur ce que, parmi les cottes d'armes qui décorent la souche de cheminée de chacune de ces maisons, se trouvent alternativement les écussons à armes parlantes de ces trois personnages. (Voir planches II et IV.)

On remarque, à côté de la fenêtre en encorbellement qui se trouve dans le mur sud du réfectoire, un écusson portant une croix de saint André et le nom 𝕽𝖎𝖈𝖚𝖘 𝕻𝖔𝖒𝖊𝖗𝖔𝖞 (planches XV et XVI). Il est difficile de savoir à qui se rapportent ces armoiries. Cette fenêtre et celle qui lui fait pendant dans l'autre façade du réfectoire sont, ainsi que la cheminée de cette salle, beaucoup moins anciennes que toutes les autres parties de l'édifice ; ce sont des détails qu'y ont introduits des restaurateurs ultérieurs et pour l'application desquels on a dû altérer les façades primitives, ainsi qu'on en trouve la trace évidente dans la coupure faite au contre-fort qui avoisine la fenêtre en encorbellement représentée en la planche XVI. On retrouve le nom du même bienfaiteur inconnu Pomeroy dans l'inscription en banderole qui décore le manteau de la cheminée précitée du réfectoire et que voici :

$$\mathfrak{In\ vestris\ preci\ habeat^s\ comedatu\ dom\ Ricardu\ Pomroy\ quem\ salvet}$$
$$\mathfrak{JHS.\ Amen.}$$

Dans les intervalles de cette inscription se trouvent cinq écussons armoriés. Le premier ressemble beaucoup au blason de sir John Trevellyan, de Nettlecombe-hall,

---

(1) Hugh Sugar, archidiacre de Bath en 1459 et trésorier de Wells en 1460, mourut en 1489 après avoir eu de nombreux démêlés avec le doyen et le chapitre à l'occasion de ces dernières fonctions. Godwin lui attribue la fondation de la magnifique chapelle de chantrerie qui se trouve dans la nef de la cathédrale, en face de celle érigée par l'évêque Bubwith, tandis que, suivant le MS. 6968 de Harl., ce ne serait pas Sugar lui-même, mais William Bocat, son exécuteur testamentaire, qui aurait fondé cette chapelle en remplacement de celle en bois qui s'y trouvait auparavant. On voit, d'après un autre passage du même manuscrit, que Sugar avait fait construire une lanterne en pierre qui fut enlevée par ordre du doyen et du chapitre.

(2) Voir la note 2 de la page précédente.

Wiveliscombe, vallée du comté de Somerset où est mort Ralph de Shrewsbury (1); le second est aux armoiries de Beckington; celui central porte les armes royales d'Angleterre et de France; le quatrième est l'écusson du siége épiscopal de Bath et Wells; enfin le cinquième a beaucoup de rapport avec les armoiries attribuées par Edmondstone au nom de Pomeroy (2); il n'en diffère que par une altération de blasonnement qui aura sans doute été commise par un peintre. Le premier gentilhomme qui porta en Angleterre le nom de Ralph Pomeroy (3) fut un Normand, compagnon d'armes de Guillaume-le-Conquérant. Ce prince, pour récompenser Ralph des grands services qu'il lui avait rendus dans l'œuvre de la conquête, lui donna cinquante-huit seigneuries situées dans le Devonshire, ainsi que d'autres fiefs dans le comté de Somerset. Le premier descendant de la famille Pomeroy (4), qui porta le surnom de Richard, était fils aîné d'Henry Pomerai et d'Alice, fille de Walter Raleigh de Fardell. Ce Richard fut nommé chevalier du Bain lors de la création de cet ordre par le prince de Galles, qui régna plus tard sous le nom de Henry VIII; et il est très-probable, attendu les nombreuses relations de la famille Pomerai dans le comté de Somerset, que c'est à ce même Richard que se rapportent les écussons et banderoles ici en question. Le lord irlandais actuel Harberton de Carbery, comté de Kildare, descend de la famille des Pomerai, ainsi que le prouve la grande ressemblance de ses armoiries avec celles que nous venons d'examiner.

Dans le mur d'allége de la grande fenêtre, maintenant presque détruite, du petit bâtiment qui relie la chapelle à la dernière maison de gauche du clos, se trouvent scellés quatre écussons, dont le premier aux armes de Beckington, le deuxième à celles du siége de Wells; le troisième à celles des siéges réunis de Bath et Wells en

---

(1) D'après EDMONSTONE, les armoiries de Trevillian sont: or, six barres ondulées argent et azur, chargé d'un demi-cheval issant rampant d'argent. Cette dernière pièce est la seule de l'espèce qui figure dans l'héraldique anglaise. (Voir *Heraldry*, vol. II, p. 34, of the *Ordinary of Arms*.)

(2) D'après le même auteur, les armes de Pomery ou Pomeroy sont: or, lion rampant d'argent, bordure engrêlée de sable. (Voir ibid., p. 18, ibid.)

(3) Ce nom s'est successivement écrit de Pomerio, de Pomery et Pomeroy. (Voir LODGE'S, *Peerage of Ireland*, vol. VII, pp. 214 et 216.)

(4) Les armoiries de ce Richard Pomerai sont: or, bordure engrêlée de sable, lion rampant de gueules, tenant une pomme dans sa griffe dextre. (Voir DEBRETT'S, *Complete Peerage*, p 521. Ed. 1836.) Cette famille a possédé pendant plusieurs siècles le château de Berry-Pomeroy, dans le Devonshire.

parti, et le quatrième à ces mêmes dernières armes écartelées avec celles de l'évêque Stillington, qui succéda à Beckington en l'année 1466. Ces différents écussons seront blasonnés plus loin dans la description des planches.

A l'époque de la Réformation, la communauté des vicaires choraux de Wells ne partagea pas le triste sort des autres maisons religieuses du pays, bien que « quelques » personnages eussent conçu le sacrilége espoir de s'en partager les dépouilles ; » mais comme il paraissait probable qu'un acte aussi odieux n'eût point été commis impunément, la reine Élisabeth jugea à propos de maintenir cet établissement, mais en le sécularisant et protestantisant.

La charte de cette transformation date de la vingt-quatrième année du règne d'Élisabeth; elle fixa à quatorze au moins et à vingt au plus le nombre des membres de la communauté et remplaça l'ancien sceau religieux par un sceau de commune.

On voit encore dans l'ancien réfectoire du clos un tableau représentant les vicaires agenouillés devant l'évêque Ralph de Salopiâ, lequel, assis sur son trône, tient un philactère dans chaque main. Sur celui de droite se lit l'inscription suivante :

> Per vicos positi villae,
> Pater alme rogamus,
> Ut simul uniti, te
> Dante domos maneamus.

A cette pétition que lui adressent les vicaires, le prélat répond dans le philactère de gauche :

> Vestra petunt merita,
> Quod sint cocnessa petita :
> Ut maneatis ita,
> Loca fecimus hic stabilita.

Ce tableau, sur lequel on remarque l'écusson épiscopal de Bath et Wells, est très-probablement celui dont nous avons parlé plus haut d'après Godwin ; mais il a subi des augmentations à la suite de la charte octroyée par Élisabeth. C'est ainsi qu'on y a ajouté de nouvelles figures de vicaires plus grandes et autrement habillées que les anciennes, et qu'on y a consacré le souvenir de la susdite charte par l'inscription suivante :

> Quas primus struxit
> summa pietate Radulphus
> Dispersis nobis hospitioque dedit
> Aedes, consimili studio
> pia facta secutus,
> Beckingtonus eas
> auxit honore, bonis.
> Regali tandem firmavit
> singula nobis
> Assensu, princeps Elizabetha suo.
> Elizabetha bonis nunquam
> contraria coeptis,
> Aspirans studiis Elizabetha bonis.
> His nos ornati donis
> regina, precamur
> Sceptra tenens vivas
> Elizabetha diu.

Comme il ne paraît pas que, depuis le règne d'Élisabeth, le clos des vicaires ait été l'objet d'aucune donation, ni qu'on y ait fait de nouvelles constructions, il ne nous reste plus, pour terminer cette notice historique, qu'à exprimer les vifs regrets que nous inspire le déplorable état dans lequel se trouve actuellement ce monument unique en son genre et à l'entretien duquel la corporation anglicane qui le possède aurait bien dû consacrer une légère fraction des gros revenus dont l'ont si magnifiquement doté ses anciens fondateurs et bienfaiteurs catholiques. C'était là pour eux à la fois une question de gratitude, d'art national et de respect aux dernières volontés — volontés toujours sacrées — des hommes généreux aux libéralités desquels ils sont redevables de l'existence confortable qu'ils y mènent et qu'y ont menée leurs prédécesseurs depuis la Réformation. Mais ce devoir, ils ne l'ont malheureusement pas rempli : au lieu d'entretenir cette belle œuvre architecturale de nos pères et de mettre tous leurs soins à conserver aux différents édifices qui la composent leur caractère originel, les membres de cette corporation les ont tellement négligés et défigurés que le monument en est devenu presque méconnaissable, et qu'il en reste à peine de quoi convaincre l'archéologue que ce sont bien là les reliques de ce clos des vicaires qui a fait l'admiration des générations passées, et dont les principales beautés, heureusement conservées par le crayon de l'artiste et de l'antiquaire, font l'objet des vingt-six premières planches de ce troisième volume des *Types*.

Rien de plus déplorable, en effet, que l'état actuel du clos des vicaires : on en a converti la jolie chapelle en un dépôt de meubles ; le plafond du réfectoire tombe en lambeaux et le rez-de-chaussée de ce corps de bâtiment sert de magasin à drêche ; les petites demeures des vicaires ont été modernisées avec de vulgaires châssis en guillotine et des portes sans style ; les élégants parapets crénelés ont été changés en murailles nues ; les jolis pinacles et toutes les autres parties ornementales de la belle galerie de jonction sont tellement dégradés et en ruine que leurs débris sont un danger pour les passants ; enfin, proh pudor ! un des vicaires, ou plutôt un des bénéficiers actuels, vient de faire monter dans la façade extérieure du clos, et précisément au-dessous de la magnifique petite fenêtre en encorbellement qui est reproduite aux planches V et VI, une ignoble devanture de boutique pour y établir un débit de pains ! C'est surtout en ce qui concerne ce monument que l'on peut dire à juste titre de notre illustre ami, feu William Pugin, que son infatigable crayon a sauvé de l'oubli et conservé pour la postérité plus d'un édifice précieux condamné à périr avant que la planche qui devait le représenter fût publiée, car l'auteur de cette notice s'est convaincu dans son dernier voyage à Wells, en mai dernier, que l'état de dégradation du clos des vicaires s'est tellement aggravé dans ces derniers temps, que Pugin lui-même, s'il revenait au monde, ne pourrait plus, malgré son habileté et sa grande perspicacité, reproduire, comme il l'a fait dans les dessins que nous publions aujourd'hui, les traits généraux et les magnifiques détails décoratifs de ce bel ensemble de bâtiments. Rien ne peut excuser la conduite tenue à cet égard par les membres actuels de la corporation des vicaires, et nous acceptons d'autant moins la raison qu'ils font valoir pour se justifier, et qui consiste à dire que leur position de pères de famille ne leur permet pas de faire pour l'entretien du clos les mêmes sacrifices qu'y pouvaient faire jadis leurs prédécesseurs catholiques

et célibataires, nous acceptons, disons-nous, d'autant moins cette commode excuse que les statuts du fondateur sont encore partiellement en vigueur dans la communauté, et qu'il se trouve expressément enjoint par ces statuts à tout vicaire de pourvoir à l'entretien de sa propre demeure. Voici, en effet, ce que disent les statuts au chapitre intitulé : *Devoirs et pouvoirs des Principaux* (ou recteurs) *du clos :* « Ils verront et
» examineront en outre, chaque année, la demeure de chaque habitant du clos, et,
» après avoir jugé et évalué les réparations à y faire, ils préviendront les vicaires
» locataires d'icelles demeures qu'ils doivent faire exécuter à leurs frais et dans tel
» délai (à fixer par les dits principaux) les réparations nécessaires tant à l'intérieur
» qu'à l'extérieur de leurs maisons, faute de quoi il leur sera infligé certaines
» punitions à déterminer par les mêmes principaux. » Nous avons vu plus haut que le nombre des vicaires n'était que de treize à l'origine de la fondation, mais ce nombre s'était déjà beaucoup accru avant l'avénement de Beckington, et il est probable qu'il devint alors égal à celui des prébendes, vu que les exécuteurs testamentaires de ce prélat firent construire quarante-deux habitations de vicaire à l'intérieur du clos. Aujourd'hui encore il y a quarante-deux prébendiers attachés à la cathédrale de Wells, mais ils ne vivent pas en communauté. En vertu de la charte octroyée par Élisabeth, le nombre des vicaires résidant au clos fut réduit à 20 au maximum ; par suite de cette réduction, plusieurs maisons furent successivement réunies en une seule pour loger la famille plus ou moins grande de l'un ou de l'autre vicaire, et c'est ce qui explique, mais ne justifie pas, les altérations de toute nature faites à l'architecture primitive du monument, altérations tellement considérables que les souches de cheminées dont nous aurons occasion d'admirer tantôt l'élégance, à la planche IV, sont presque le seul membre architectural que ces maisons aient conservé de leur état originel. L'évêque de Bath et Wells ayant la surintendance de cette fondation, et les vicaires recteurs ou principaux ayant conservé sur leurs subordonnés hiérarchiques toute l'autorité qui leur est dévolue par les statuts organiques, on est en droit, nous semble-t-il, de les rendre en partie responsables des déplorables abus qui viennent d'être signalés, et, dans tous les cas, nous soumettons l'appréciation de leur coupable incurie au jugement des hommes de goût et de cœur qui pensent que la délicatesse fait un devoir à celui qui accepte les bénéfices d'une position d'en supporter également les charges.

DESCRIPTION DES PLANCHES.

N°. 1. Planche I. — Plan général par terre du clos et du passage de jonction.

Ainsi qu'il a été dit dans la notice historique, ce plan est celui de tous les bâtiments du clos tels qu'ils se trouvaient — le passage de jonction *A A* y compris — après leur achèvement par les exécuteurs testamentaires de l'évêque Beckington. *B* est une pièce de rez-de-chaussée située au-dessous du grand réfectoire de la communauté et qui servait probablement de cellier à bière. *C* est une pièce voûtée que surmonte la cuisine et qui donne accès à d'autres offices situés au couchant. *D* est une cave située au-dessous du grand escalier qui mène de la cour du clos au réfectoire et qui a son point de départ dans le porche *F*, premier ordre de la tour. *E* est le porche d'entrée du clos. *G*, *GG*, etc., sont deux grands corps de logis composés chacun de vingt-et-une demeures toutes pareilles. Chacune de ces demeures de vicaires comprend : au rez-de-chaussée, un jardinet avec petit porche d'entrée, une chambre, un escalier et une cour avec cabinet d'aisance ; à l'étage, une chambre à coucher qui, de même que la pièce du rez-de-chaussée, est éclairée du côté de la cour par une seule fenêtre, et du côté du jardinet par deux fenêtres, dont une grande et une petite. *H* est une jolie petite chapelle surmontée d'un étage et qui se relie à la dernière maison de gauche par un petit bâtiment qui servait autrefois, suppose-t-on, d'habitation au chapelain. On remarque dans l'allége de la fenêtre de ce petit bâtiment quatre écussons, dont le premier, à compter de la gauche, porte les armoiries épiscopales de Wells ; le deuxième, celles des siéges réunis de Bath et Wells ; le troisième, celles particulières de Beckington ; et l'on présume que le quatrième (voir planche VI, figure 3), est la cotte d'armes de l'évêque Stillington. La bibliothèque occupe l'étage de la chapelle ; on y monte par un petit escalier en hélice situé à l'angle nord-ouest de celle-ci. *I* indique la situation de l'élégante petite fenêtre en encorbellement représentée aux planches V et VI, et qui se trouve logée dans le pignon sur rue de la première maison du clos, à droite en entrant. Cette première maison, qui communique avec le porche d'entrée au moyen d'une petite antichambre, est supposée avoir été autrefois la demeure de l'un des dignitaires de la communauté. Deux puits aujourd'hui encore très-abondants en bonne eau sont situés en K et K. Ainsi que le montre la planche II, les murs d'enclos des jardins de vicaires ne s'élèvent qu'à la hauteur d'appui (4 1/2 pieds environ). L'espace compris entre les deux rangées de maisons est long de 436 pieds; sa largeur est de 65 pieds à l'entrée et de 56 pieds seulement à l'extrémité opposée. L'allée formée par les murs de face des jardins est large de 21 pieds au sud et de 19 au nord. On comprend de reste que c'est en vue d'obtenir un plus bel effet de perspective que l'architecte a donné cette forme trapézoïdale à l'aire intérieure du clos.

Voir, pour les détails ici non expliqués, la légende que porte cette planche.

MAISONS DES VICAIRES.

N°. 2. Planche II. — Façade de devant et coupe transversale de l'une de ces maisons.

Nous avons déjà dit que les quarante-deux demeures des vicaires étaient identiquement les mêmes sous tous les rapports, sauf la première de la file de droite, dont les différences ont été signalées au paragraphe précédent; ce que nous dirons de l'une d'entre elles s'appliquera donc à toutes les autres.

La façade ici représentée reproduit l'une de ces maisons dans son état primitif. La souche de cheminées qui monte de fond entre la porte et les fenêtres est octogonale à sa partie supérieure, et son couronnement est percé en lanternon à deux jours sur chacune de ses faces. Des deux écussons qui la décorent, celui supérieur est aux armoiries des sièges réunis de Bath et Wells, et celui inférieur porte les armes parlantes de Richard Swan, l'un des exécuteurs testamentaires de Beckington. Ces écussons alternent successivement, quant au premier, avec ceux du siége de Wells et du prélat fondateur, et avec ceux de ses deux autres exécuteurs quant au second; de sorte que chacune de ces trois couples d'écussons se répète quatorze fois pour les quarante-deux maisons du clos; nous les blasonnerons quand nous en viendrons aux planches de détails.

La coupe transversale est prise suivant l'axe des portes de devant et de derrière; on y remarque l'élévation latérale de la souche de cheminées.

N°. 3. Planche III. — Plan par terre et coupe longitudinale de la même maison que ci-dessus.

La grandeur des chambres du rez-de-chaussée et de l'étage est de 19 pieds 11 pouces sur 12 pieds 10 pouces dans œuvre. La largeur de la cage d'escalier est de 6 pieds 2 pouces, et comme l'épaisseur des murs de pignon est de 1 pied 11 pouces, il en résulte que chaque maison occupe en front une largeur de 21 pieds. Au rez-de-chaussée, la hauteur du plafond est de 8 pieds 7 pouces. La chambre à coucher a pour plafond une charpente nue en chêne à fermes ogivales, dont la hauteur au-dessus du plancher est de 8 pieds 9 pouces à la naissance du comble, et de 13 pieds au sommet de l'ogive. Les fermes sont à nervures et les vernes à arêtes chanfreinées, sauf celle de naissance, qui est ouvragée en corniche crénelée (1).

N°. 4. Planche IV. — Souche de cheminées, fenêtre de l'étage et détails y relatifs.

La légende des figures que comporte cette planche suffit pour en expliquer la nature; aussi nous contenterons-nous de remarquer que les fenêtres du rez-de-chaussée ne diffèrent de celles de l'étage que par leur plus grande hauteur et par la traverse qui les divise en quatre jours, ainsi que le fait voir la planche II.

N°. 5. Planche V. — Élévation et coupe de la fenêtre en encorbellement donnant sur la rue et dont la position est indiquée par la lettre *i* au plan général planche I.

L'amortissement de cette fenêtre est remarquable par l'élégance de ses moulures et de son ornementation à fleurons et à billettes prismatiques. Le mur d'appui est recouvert de panneaux en quatrefeuilles portant chacun un écusson en cœur. Le cul-de-lampe qui la termine, et dont l'ornementation est des plus gracieuses, est supporté par une console sculptée en tête d'homme. Il est plus que probable que

---

(1) A l'époque où Pugin fit le lever du clos de Wells, il ne restait plus qu'une seule de ces quarante-deux petites demeures qui eût été conservée dans son état primitif; depuis lors, ce dernier spécimen a été dégradé, c'est-à-dire modernisé comme tout le reste!

les jours de cette fenêtre étaient autrefois à tympans trilobés et que celui de face était divisé en deux par un meneau, ainsi qu'il est indiqué au pointillé sur notre planche; mais tout cela a disparu pour faire place à des châssis quadrangulaires modernes. La saillie de cette fenêtre sur le mur de façade n'est que de 1 pied 1 pouce.

N°. 6. PLANCHE VI. — Façade de pignon sur rue dans laquelle est logée la fenêtre précédente; plan et détails de celle-ci.

On a déjà dit à quelle maison du clos appartient ce mur de pignon. Son apex est couronné d'un bouquet, et la souche de cheminées de cette maison, au lieu de s'élever de fond comme toutes les autres, est assise en cavalier sur le faîte de la toiture (1).

N°. 7. PLANCHE VII. — Élévation, coupe et détails de l'un des petits porches qui donnent accès aux jardins des vicaires. Écussons dont il a été question aux planches précédentes.

Comme la construction de ces porches est moins ancienne que celle du clos, nous n'avions d'abord pas l'intention d'en donner ici l'image, mais nous avons changé d'avis en considération du bel effet qu'ils font dans la perspective générale de l'édifice. Chacun de ces petits porches était autrefois couronné d'un lion semblable à celui que nous avons vu au sommet de la citerne construite par Beckington dans les jardins du palais épiscopal de Wells. (Voir tome II des *Types*, planche LVIII.)

---

(1) On a découvert, lors des derniers travaux faits à cette façade, les traces d'une ancienne petite fenêtre voisine de celle en encorbellement ci-dessus décrite; mais on s'est contenté de la reboucher et replâtrer. Nous avons déjà dit que l'un des vicaires actuels, lequel est à la fois *dignitaire* de la communauté et boulanger de son état, a naguère fait établir au rez-de-chaussée du gâble une devanture de boutique pour y vendre son pain. Il paraît même que, pour plus de commodité, ce digne personnage avait résolu de démolir et avait même déjà commencé à démolir la fenêtre en encorbellement; mais, grâce au cri général de réprobation soulevé par cet acte de barbarie, le bénéficier-boutiquier a dû respecter ce chef-d'œuvre et réparer le mal qu'il y avait fait. Lorsque Pugin leva les bâtiments du clos, la souche de cheminées qui surmonte le pignon ici considéré était la seule qui eût encore conservé son lanternon intact; aujourd'hui, elle est tellement détériorée que ses détails sont devenus méconnaissables.

Nous avons complété cette planche avec quelques-uns des écussons qui ont été précédemment signalés. Le plus grand (figure 3) est supposé être la cotte d'armes de l'évêque Stillington, successeur immédiat de Beckington et sous l'épiscopat duquel le clos fut achevé par les exécuteurs testamentaires de ce munificent prélat. C'est un écu écartelé : 1 et 4 d'or, chargés de trois têtes de maures ; 2 et 3 de gueules, chargés de trois mufles de léopards d'or et fascés de sable à trois fleurs de lis ; la bandelette ne porte aucune devise ni inscription. Ainsi que l'indique la légende de la planche, les trois autres écussons sont les rébus ou armes parlantes de Richard Swan, Hugh Sugar et John Pope, alias Talbot ; en effet, le premier est chargé d'une fasce et de trois cygnes (*cygne*, en anglais *swan*) ; le second, d'un *h* cantonné de pains de sucre (*sucre*, en anglais *sugar*, et *h*, initiale de *hugh*), et le troisième, d'un chevron, de deux roses en chef et d'un lévrier en base (*lévrier*, en anglais *talbot*). Nous avons dit, en décrivant les planches I et II, les places occupées par ces divers écussons à l'intérieur du clos.

CHAPELLE ET BIBLIOTHÈQUE.

N°. 8. Planche VIII. — Façade sud et coupe transversale.

Cette façade fait face à la grande allée du clos. Il est facile de voir que les fenêtres du rez-de-chaussée datent d'une époque antérieure à celle des fenêtres de l'étage ; ce qui s'explique par cette double circonstance que la chapelle fut fondée par Ralph de Salopià, tandis que la bibliothèque est une des œuvres de Beckington, ainsi que l'atteste l'écusson qui décore le clocheton assis sur le pignon occidental de l'édifice. Cet écusson, qui est reproduit en grand à la planche XII, est en parti ; il porte à dextre les armoiries des siéges réunis de Bath et Wells, et à sénestre les armes personnelles de l'évêque Beckington. La différence d'âge qui existe entre la chapelle et la bibliothèque est d'ailleurs confirmée par la forme rectangulaire des fenêtres de cette dernière, ainsi que par le genre ornemental du parapet de couronnement, car ce sont là deux caractères positifs d'un style postérieur à celui de la chapelle, et qui s'accordent en outre parfaitement avec d'autres constructions érigées par Beckington dans la ville de Wells, notamment la grande porte d'enceinte du palais épiscopal donnant sur la place du marché. Nous rappelons ce qui a été dit dans la notice historique relativement au déplacement de la porte de la chapelle.

La coupe a pour fond le côté oriental de la chapelle. On y remarque le maître-autel flanqué de deux niches supportées par un lambris ornemental. La fenêtre de chevet est maintenant bouchée. Le plafond de la bibliothèque est une charpente à fermes ogivales peu moulurées ; leur sommet monte jusqu'au tirant du comble et leurs naissances portent sur des consoles.

N°. 9. Planche IX. — Plans de la chapelle et de la bibliothèque.

On a projeté sur le plan de la chapelle une moitié de son plafond en chêne lambrissé. Il est divisé en quatre grands compartiments par des poutres richement moulurées, chacun de ces compartiments étant lui-même subdivisé en quatre caissons et chacun de ceux-ci en quatre panneaux. Les intersections sont ornées de patères variées de grandeur et de forme et dont la figure A offre un spécimen.

On remarque à l'angle du plan de l'étage ou de la bibliothèque l'escalier en hélice dont il a déjà été fait mention. Le losange à croix fleuronnée qui se voit à côté de ce plan est un spécimen des carreaux de vitre des fenêtres de cette salle.

N°. 10. Planche X. — Élévation et coupe de la porte de la chapelle.

Cette porte est en bois de chêne ; les quatre écussons qui en décorent le tympan sont tellement mutilés qu'il est très-difficile de pouvoir les lire. Le premier, à compter de la gauche, porte des armoiries inconnues ; le deuxième est aux armes des siéges réunis de Bath et Wells (au quartier dextre du sautoir, ce sont deux clefs endossées qu'il faut voir) ; le troisième est également inconnu, tandis que le quatrième est aux armes de Nicolas Bubwith, qui fut élevé au siége de Wells en 1407 (1). Cet

---

(1) Il était alors évêque de Sarum et trésorier d'Angleterre. C'est lui qui fit construire en majeure partie le clocher nord-ouest de la cathédrale de Wells. Il est aussi le fondateur de la bibliothèque qui surmonte le côté oriental des cloîtres du chapitre et d'une petite chapelle attenant autrefois aux mêmes cloîtres et qui fut détruite peu de temps après son érection. Il paraît assez probable que c'est de là que provient la porte actuelle de la chapelle du clos des vicaires. Nicolas Bubwith avait fait construire lui-même dans la nef de la cathédrale la petite chapelle de chantrerie où se trouve son tombeau et à laquelle trois prêtres, dotés par son testament, devaient dire chaque jour une messe pour le repos de son âme. C'est ce même prélat qui fonda un hospice pour les pauvres près de l'église de St.-Cuthbert, à Wells, et la petite chapelle de l'abbaye de Bath. (Britton's *Wells Cathedral*, pages 42 et 110).

écusson est semblable à celui que porte le tombeau de ce prélat dans la nef de la cathédrale, et on le remarque également parmi les vitraux peints de la chapelle. Il est de gueules à fasce engrêlée et porte pour meubles trois groupes de quatre feuilles de houx (deux en chef et un en base). Le chambranle de cette porte est orné de fleurons détachés de même dessin qu'aux encadrements des fenêtres.

N°. 11. Planche XI. — Élévation, coupe et détails d'une travée de la chapelle et de la bibliothèque.

On a fait figurer dans l'élévation intérieure de la fenêtre de l'étage un demi-vitrail composé de carreaux losangés pareils à celui représenté en grand à la planche IX.

N°. 12. Planche XII. — Clocheton et niche angulaire.

Ce clocheton cavalier est ici reproduit de face et de profil. Ainsi qu'on l'a déjà dit, il est orné d'un écusson portant en parti, du côté dextre, les armoiries des siéges réunis de Bath et Wells, et, du côté sénestre, celles de Beckington. Les premières de ces armoiries sont : champ d'azur chargé d'un sautoir écartelé or et argent ; à dextre, deux clefs endossées (celle supérieure d'or, celle inférieure d'argent) ; à sénestre, une épée droite d'or ; enfin une crosse épiscopale d'or en pal ; le sautoir et les clefs sont les attributs du siége de Wells, tandis que l'épée et la crosse sont ceux de Bath. Quant aux armes de Beckington, ce sont : champ d'argent chargé d'une fasce d'azur portant une mitre à pendants, et ayant en chef trois têtes de cerfs à meules, de gueules, armées d'or, et en base trois *phéons* de sable (1).

PORCHE D'ENTRÉE, RÉFECTOIRE ET PASSAGE DE JONCTION.

N°. 13. Planche XIII. — Plan par terre de ces trois parties de l'édifice.

On voit en AB que le porche d'entrée du clos est voûté d'arête à nervures et qu'il présente, du côté de la rue, une grande porte et un guichet, tandis qu'il débouche dans le clos par une seule arche—disposition que nous avons plusieurs fois

---

(1) Voir l'ouvrage publié en 1828 par M. Nicolas Harris, esquire, sous le titre de : *A Journal of one of the suite of Beckington.*

signalée dans les *Types* de nos tomes I et II. Sous ce porche, à main gauche, se trouve une porte qui donne accès au cellier EF, dont il a déjà été question. Ce cellier communique, d'une part, avec le réfectoire qui le surmonte, au moyen d'un escalier en hélice dont le point de départ se trouve dans l'une des quatre embrasures à voussure pratiquées dans le mur nord du cellier, et, d'autre part, avec l'intérieur du clos par deux portes qui se trouvent à droite et à gauche de l'avant-corps formé par la cage du grand escalier et la tour. La cave I, située sous cet escalier, a l'une de ses entrées qui occupe l'une des embrasures précitées. La pièce GH est un porche voûté au-dessus duquel se trouve la cuisine et qui mène à celle-ci et à d'autres offices, nommément à la boulangerie. Sous le porche d'entrée AB s'ouvre, à main droite, une porte qui donne accès à la petite antichambre dont il a déjà été question à propos de la jolie fenêtre en encorbellement que voulait abattre le vicaire-boulanger. Le porche CD, qui occupe le premier ordre de la tour et dans lequel débouche le grand escalier du réfectoire, a pour plafond une voûte d'arête d'une grande richesse ornementale ; les détails en sont donnés à la planche XXVI. Au sud du réfectoire se trouve le passage de jonction déjà décrit. Son arche centrale est un parallélogramme oblong en voûte d'arête, semblable à celle du porche d'entrée du clos et au centre de laquelle on remarque un joli médaillon ayant pour sujet l'écusson de Beckington supporté par le rebus de son nom (voir planche XXVI). Nous donnons à côté du plan ici en question les profils des piles et des principales moulures que comporte le passage de jonction ; ces détails étant suffisamment spécifiés par la légende de la planche, il serait superflu d'en donner ici plus ample explication.

N°. 14. Planche XIV. — Plan du premier étage correspondant au plan par terre de la planche précédente.

Le réfectoire est la pièce principale de cet étage. Il est borné au couchant par la cuisine et par d'autres offices, et au nord par le grand escalier, dont le plafond est projeté sur cette planche. Dans la tour et immédiatement au-dessus du porche se trouve une chambre servant à la fois d'archiverie et de trésorerie, et à laquelle on ne peut accéder que par la longue pièce située au-dessus de la cage du grand escalier et à laquelle on monte au moyen du petit escalier en hélice E qui débouche dans le réfectoire ; à l'autre extrémité de cette pièce se trouve un autre petit escalier F par lequel on descend dans la trésorerie. Il serait difficile d'imaginer un dispositif mieux entendu pour mettre un dépôt précieux en parfaite sûreté contre l'incendie et le vol. Cette pièce carrée, qui n'a que 8 pieds de côté, est meublée de solides armoires et casiers. Dans le réfectoire et en face de la porte du palier du grand escalier se trouve une autre porte s'ouvrant dans la petite antichambre A, qui conduit du réfectoire à la galerie de jonction B du clos avec la cathédrale. A l'extrémité sud de cette galerie se trouve également une petite antichambre de forme irrégulière et à laquelle prend naissance un escalier qui, dans sa descente vers le transept nord de la cathédrale, rencontre un autre escalier par lequel les chanoines du chapitre se rendent au même transept. Par cette ingénieuse disposition, les chanoines et les vicaires pouvaient en tous temps se rendre commodément à l'église pour y faire leur service. Voir la légende pour les parties de cette planche qui ne sont pas ici mentionnées.

N°. 15. PLANCHE XV. — Façade sur rue du corps de bâtiment qui comporte le réfectoire et la grande entrée du clos ; coupe transversale du passage de jonction.

Il suffit d'être un peu au courant des principaux traits qui différencient entre elles les périodes successives de l'architecture ogivale pour reconnaître, d'une part, que la lancette à épais meneau et traverse, qui se trouve vers le milieu de la façade ici reproduite, est un reste des constructions primitives fondées par Ralph de Shrewsbury ; et, d'autre part, que la fenêtre en encorbellement appartient, ainsi que le porche entier qu'elle surmonte, au style pur des Tudors.

N°. 16. PLANCHE XVI. — Élévation et coupe de la fenêtre en encorbellement située au-dessus du porche d'entrée du clos.

Cette fenêtre, qui occupe le haut bout du réfectoire, a pour pendant une pareille fenêtre ayant vue sur l'intérieur du clos. Elles sont toutes deux d'une date postérieure au reste de l'édifice : ce sont des pièces de rapport qui y ont été introduites après coup, et l'on en voit la preuve dans l'entaille qui a été faite au contrefort qui bute, du côté droit, la grande porte d'entrée. Or, comme il se trouve scellé, dans l'embrasure de l'une de ces fenêtres (voir la coupe), un écusson en pierre portant le nom déjà cité de Ricus Pomeroy, il est probable que c'est ce bienfaiteur, maintenant inconnu, qui fit construire non-seulement les deux fenêtres ici en question, mais aussi d'autres ouvrages qui leur sont contemporains, nommément la cheminée et le lambrissage sculpté à rouleaux qui décorent le réfectoire.

N°. 17. Planche XVII. — Détails de la même fenêtre.

La légende indique suffisamment quelle est la nature de ces détails.

N°. 18 et 19. Planches XVIII et XIX. — Coupe transversale du réfectoire.

Cette coupe, prise suivant l'axe du porche d'entrée du clos et ayant pour fond le mur de pignon occidental de cette grande salle, est encadrée, à gauche, par la façade orientale du passage de jonction, et, à droite, par l'une des façades de l'avant-corps qui comprend la cage du grand escalier et la tour (F K au plan général de la planche I). Le passage de jonction est, dans son genre, un type d'une beauté sans égale. Comme Beckington avait été l'élève et le protégé de l'illustre William de Wickham et qu'il avait appris l'architecture à l'école de ce grand maître de l'art chrétien en Angleterre, quelques archéologues ont admis qu'il a été non-seulement le fondateur, mais encore l'architecte de cette belle œuvre, qui appartient au style appelé *perpendiculaire* ou *tudor* dans son plus haut période, c'est-à-dire avant qu'il dégénérât par le fait de cette exubérance ornementale qui le caractérise dans les derniers temps de sa vogue.

La façade occidentale du passage de jonction est symétrique dans son dessin et contient encore, dans l'une des niches qui la décorent, une statuette de saint André, patron de l'église de Wells. Quant aux deux figures qui garnissent les niches de la façade reproduite sur cette planche, elles sont tellement détériorées qu'il est impossible de les déchiffrer. Nous avons donné à la planche XIV, lettre N, les détails des fenêtres à tympan rectangulaire qui éclairent la cage du grand escalier.

N°. 20. Planche XX. — Travée centrale de la galerie du passage de jonction.

Les deux jours de cette fenêtre, qui sont séparés à l'extérieur par une niche à dais, forment à l'intérieur de la galerie deux fenêtres distinctes. Nous avons donné, planche XIV, figure K, un plan du jambage de cette fenêtre, et nous en reproduisons ici d'autres détails. On remarque, dans l'ornementation du cordon d'allége, les attributs héraldiques de Beckington, à savoir : un *pheon*, au centre ; deux têtes de cerf de chaque côté ; un ange tenant une banderole flottante ; enfin, les pièces de son blason sont complétées par la mitre tenue par deux anges et qui est sculptée sur la pierre, qui sert à la fois de clef à la grande arche du passage et de console d'appui au pilier-pinacle central de la façade.

N°. 21. Planche XXI. — Façade nord ou intérieure du corps de bâtiment qui comprend le réfectoire ; coupe transversale de la cage du grand escalier.

On remarque sur cette coupe la porte du réfectoire, ainsi que la pièce située au-dessus de la cage d'escalier et par laquelle on va du réfectoire à l'archiverie ou trésorerie.

N°. 22. Planche XXII. — Élévations intérieure et extérieure, et détails de l'une des trois fenêtres à lancette dont il a été question à propos de la planche XV.

On se rappelle ce que nous avons dit de ces fenêtres en ce qui concerne leur origine et leur âge. Voir, quant à leur emplacement, les façades et coupes des planches XV, XXI et XXIII.

N°. 23. Planche XXIII. — Coupe longitudinale, comprenant le réfectoire, la cuisine, les pièces qui leur correspondent au rez-de-chaussée et le porche d'entrée du clos.

On remarquera au fond de la coupe du réfectoire la fenêtre en encorbellement, la cheminée et l'entrée de l'antichambre qui mène à la galerie du passage de jonction. Dans le jambage de la première fenêtre, à droite de la cheminée, se trouve pratiquée une petite tribune dans laquelle se lisaient autrefois les grâces pendant les repas de la communauté (1) ; on en voit l'ouverture carrée au-dessus de la cheminée.

N°. 24. Planche XXIV. — Cheminée et chenets du réfectoire.

Cette cheminée, quoique peu ancienne, mérite cependant d'être remarquée pour le bon goût de son ornementation. Sur son manteau se déploie la banderole déjà citée, et dont l'inscription sollicite les prières des vicaires pour le salut de l'âme de sir Richard Pomeroy. Les cinq écussons qui la décorent, sont blasonnés comme suit : Le premier, à compter de la gauche, cinq barres or et azur, trois coquilles de scalope en chef de gueules, chargé d'un demi-cheval issant rampant d'argent. Le second est aux armoiries déjà décrites de Beckington. Le troisième est l'écu royal écartelé

---

(1) La stricte observance de la lecture des grâces avait été réglementée par une ordonnance royale qui contenait, entre autres prescriptions, que, pendant les repas, aucun vicaire ne pouvait se lever de table ni quitter le réfectoire, avant que les grâces eussent été dites, sans en avoir obtenu la permission de l'un des Principaux ou de leurs suppléants, et ce, sous peine d'une amende de quatre deniers. (Voir *The Statutes and Charter of close hall*, p. 28, M S.

d'Angleterre, tel que le portèrent Henry V et ses successeurs jusqu'au règne d'Élisabeth : un et quatre, azur à trois fleurs de lis d'or ; deux et trois, de gueules, chargé de trois lions gardant-passant en pal d'or. Le quatrième est aux armes déjà décrites des siéges réunis de Bath et Wells. Le cinquième est celui de Pomeroy : champ d'argent, chargé d'un lion rampant d'or dans une bordure engrêlée d'azur.

N°. 25. Planche XXV. — Coupe transversale du réfectoire.

Cette coupe, qui a pour fond le côté du couchant, est prise suivant l'axe des portes ; elle comprend, d'une part, la petite antichambre qui mène du réfectoire à la galerie de jonction, et, d'autre part, la coupe longitudinale complète de l'avant-corps qui contient le grand escalier et la tour. Il est probable que la chambre située au-dessus du grand escalier servait de demeure, ainsi que celle qui surmonte la trésorerie, au receveur de la communauté (fonctionnaire qui était élu chaque année au jour de la St.-Mathieu par les vicaires principaux). La charpente à nu qui sert de plafond à la première de ces deux chambres, est remarquable par la richesse de son ornementation ; on en a vu la coupe transversale à la planche XXI.

N°. 26. Planche XXVI. — Détails divers mentionnés dans la description des planches précédentes.

Les deux panneaux qui occupent le haut de cette planche, sont aux armes déjà décrites de Beckington. Celui de gauche, qui a des anges pour tenants et deux banderoles extérieures, décore le mur d'allége de la fenêtre orientale de la petite antichambre qui mène du réfectoire à la galerie de jonction (voir planches XVIII et XIX) ; celui de droite est placé à la clef centrale de la grande voûte du passage (voir planche XIV) ; il a pour supports deux tonneaux flamboyant montés sur chevalets et qui forment rébus sur le nom de Beckington (*beacon*, de *beconing*, faire des *signaux*, et *ton*, tonneau). Au bas de la planche se trouve le plan de la voûte du porche situé sous la tour, avec indication de la courbure de son arche. Enfin, les autres figures de cette planche sont, d'une part, cinq patères et un profil de nervure de la même voûte, et, d'autre part, divers spécimens du couronnement des lambris du réfectoire.

MANOIR ET ÉGLISE DE GREAT-CHALFIELD,

COMTÉ DE WILTS.

Greaton East-Chalfield est une petite paroisse du canton de Bradford, située à égale distance et à quatre milles environ des villes de Melksham et Bradford. On croit que ce fut autrefois l'emplacement d'un avant-poste établi par les Romains pour couvrir le chemin de communication qui, coupant la grande chaussée romaine et passant par la station de Verlucio, reliait entre eux le camp de Kingsdown, près Bath, et celui de Roundaway-Hill, près Devizes. On n'y trouve plus aucun vestige des fortifications élevées par ces anciens dominateurs du monde, mais on peut encore suivre dans la plaine le tracé en ligne droite du chemin de communication précité, lequel vient couper la grand'route de Bath au nord-est de cette ancienne cité.

Il est déjà fait mention de Chalfield (ou Caldefelle) à la rubrique *Wilteshire* du rôle du grand cadastre (Domesdaybook, 70 A), dressé sous Guillaume-le-Conquérant.

Vers la fin du XIII° siècle, sous le règne d'Édouard Ier, le manoir de Great-Chalfield était un fief tenu libre de toute taille et à simple service de chevalerie par un sir William Rous, vassal du comte de Salisbury, vassal lui-même de la haute baronnie de Trowbridge, qui relevait du duché de Lancastre, et c'est du chef de ce manoir que les Rous, seigneurs de Chalfield, occupèrent en ce temps-là la charge honorifique de constable de la forteresse de Trowbridge.

Sous Édouard II, le domaine de Great-Chalfield échut à une famille du nom de Percy, qui était une branche cadette d'une famille normande dont le chef, William de Percy, avait accompagné Guillaume-le-Conquérant en Angleterre; et comme la descendance mâle et directe de ce William s'était éteinte à la deuxième génération dans la personne de son petit-fils William, fils unique d'Alan de Percy, surnommé le Grand, ce fut à Agnès, sœur de ce dernier, qu'échurent les biens de la famille. Jocelin Barbatus, ayant épousé Agnès, prit par substitution le nom de Percy, et c'est là la souche de cette branche cadette des Percy qui resta en possession de Great-Chalfield jusqu'en 1404, époque à laquelle ce domaine, laissé en usufruit par Jean de Percy à Constance, sa femme, passa abusivement, d'abord, à un chevalier du nom de Henry de la Rivière, que Constance avait épousé en secondes noces; puis, à Robert [Wayvile, évêque de Salisbury, dont cette Constance était la cousine et l'ancienne maîtresse. Ce ne fut qu'en 1518 que le manoir fit retour à son héritier légitime dans la personne de Thomas Tropenell, seigneur d'Imber, et cela, du chef de son ancêtre Walter Tropenell, qui avait épousé Catherine, fille d'un sir William Percy. Nous verrons, à la planche VI de la monographie de l'église de Great-Chalfield, un écusson en parti qui rappelle cette union.

Thomas Tropenell, qui avait épousé Agnès, fille de William Ludlow, seigneur de Hill-Deverell, descendait d'une très-ancienne famille, déjà en renom au temps de l'heptarchie, et qui s'est alliée, depuis, à de nombreuses maisons connues dans notre histoire nationale, et parmi lesquelles nous devons citer les Rous d'Immer, les Roche de Bromeham et les Eyre, parce que nous rencontrerons les armoiries de ces familles dans l'ornementation du manoir et de l'église ici en question.

Bien qu'on ne connaisse aucun document qui le prouve d'une manière authentique, c'est à ce Thomas Tropenell qu'est attribuée la construction primitive du manoir actuel de Great-Chalfield. Cette présomption se fonde, d'abord, sur ce que le style de l'édifice se rapporte évidemment à l'architecture de la fin du règne d'Henry VI ; puis, sur ce que les nombreuses armoiries que l'on rencontre dans l'ornementation du manoir et de l'église, sont exactement les mêmes que celles qui décorent aujourd'hui encore le magnifique autel-tombe érigé à la mémoire de ce même Thomas et d'Agnès, sa femme, dans la chantrerie que possédait autrefois cette famille dans l'église de Corsham, comté de Wilts. La devise des Tropenell était : *Le joug tyra bèlement*. Nous la verrons inscrite et partiellement allégorisée sous diverses formes et en maints endroits des édifices ici considérés ; c'est ainsi que le mot *joug* y est souvent remplacé par la figure d'un ancien joug à atteler les bœufs. Cette devise, étant en français, doit nécessairement être postérieure au temps de la conquête par les Normands. On ignore complètement son origine ; mais elle paraît avoir été fatale au dernier rejeton mâle de cette famille, car il est de notoriété certaine que, vers le milieu du XVI° siècle, un Thomas Tropenell, fils unique de John, se trouvant un jour à la chasse et s'étant passé autour du cou les deux laisses (ou jougs) de ses chiens, qu'il avait lâchés, eut le malheur de s'embarrasser, en franchissant une haie, dans le branchage d'un arbre et d'y rester pendu.

Nous admettons donc, jusqu'à preuve du contraire, que le manoir actuel et une partie de l'église de Great-Chalfield datent de la fin du règne d'Henry VI, milieu du XV° siècle, et que sir Thomas Tropenell en fut le fondateur. Sans compter les ravages du temps, le manoir a subi depuis lors plusieurs changements, qui consistent principalement dans la démolition de la partie de l'aile gauche qui renfermait les offices, écuries et autres pièces du service domestique, et dans la construction du long corps de logis, servant actuellement aux mêmes usages et qui s'étend depuis le grand porche de l'enceinte jusqu'à l'aile droite du château. Ce bâtiment, ainsi que tous ceux composant la ferme, porte le cachet du style dit d'Élisabeth; et il en est de même du manteau de cheminée qui se trouve dans la belle chambre des étrangers. Tout homme de goût qui comparera ces dernières constructions avec celles élevées par le fondateur primitif, y verra la preuve de la grande supériorité de l'architecture du XV° sur celle du XVI° siècle.

Grâce au bon goût de sir Henri Burrard Neale, qui possède actuellement le manoir de Great-Chalfield du chef de son mariage avec Grâce-Élisabeth, fille et cohéritière de Robert Neale, esq., dont le père l'avait acheté du duc de Kingston, ce vénérable édifice vient d'être restauré aussi conformément que possible à son état primitif, et c'est à l'auteur de la présente notice qu'on a bien voulu confier cette tâche délicate.

L'église de Great-Chalfield est sous l'invocation de tous les saints; elle porte les signes évidents d'une plus grande ancienneté que le manoir, du moins en quelques-unes de ses parties. Il résulte d'ailleurs, de documents authentiques cités par sir Thomas Philipp dans ses *Institutiones ex Registro Novæ Sarum Episcopi*, qu'il existait déjà en 1308 une chapelle à Chalfield dont William de Cumbe était alors desservant, et que cette chapelle devint église paroissiale vers l'an 1349. Nous avons tout lieu de croire que les murailles de la grande nef actuelle sont encore celles de la chapelle primitive, sauf cependant la fenêtre du couchant et le clocheton, qui sont évidemment d'une date postérieure. La belle chantrerie, située au sud de cette nef, a été fondée par Thomas Tropenell. Le magnifique écran en pierre qui lui sert de clôture, est orné d'une série d'écussons où figurent les armoiries de cette famille et de ses alliances à partir des Percy. L'élégant porche du couchant et le portail du sud sont de l'époque d'Henry VII. De 1719 à 1773, l'église subit de nombreux changements et réparations, consistant principalement dans un nouveau voûtage de la nef et du chœur; dans la construction de l'espèce de nef latérale, située au sud et dans le prolongement de la chantrerie des Tropenell; dans le déplacement de l'écran de cette chapelle pour en faire la clôture du chœur; dans le percement d'une arcade à travers le mur oriental de cette même chapelle, pour mettre les deux nefs en communication ; dans le rehaussement général du pavement de l'église sur une hauteur de 1 pied 8 pouces ; enfin, dans un ignoble badigeonnage à la chaux dont furent souillées toutes les murailles intérieures, y compris le bel écran en pierre.

Heureusement pour les amis de l'art, le rectorat de Great-Chalfield est maintenant occupé par un ecclésiastique éclairé, le révérend Richard Warner, qui considère comme un des devoirs de sa charge de faire tous ses efforts pour réparer autant que possible le mal fait par ses prédécesseurs. C'est à lui que l'on doit de pouvoir maintenant admirer sur les murs de la chantrerie les restes, malheureusement fort détériorés, des élégantes peintures à fresque que les vandales du siècle passé avaient cachées sous d'épaisses couches de chaux, et parmi les autres embellissements que M. Warner a déjà réalisés, nous devons citer, en première ligne, la restauration complète de la grande fenêtre du couchant et les verrières peintes dont il a enrichi tout le fenêtrage de son église.

DESCRIPTION DES PLANCHES.

1°. MANOIR ET ÉGLISE.

N°. 27. Planche I. — Vue pittoresque du manoir et de l'église.

Le point de vue de cette perspective est situé en ⊖ sur le plan général de la planche II ci-après. Le manoir et l'église y sont représentés dans leur état de restauration projetée, et l'architecte qui en est chargé s'est conformé autant que possible aux anciennes données qu'il a pu se procurer. Les deux brèches que l'on remarque dans le mur de séparation de l'avant-cour et du cimetière sont fictives ; elles ont pour but de mettre mieux à découvert la façade occidentale de l'église et l'aile gauche du manoir. Nous avons cru devoir également remplacer le guichet vulgaire qui existe dans ce même mur de séparation par un petit portique ogival mieux en harmonie avec l'ensemble du tableau.

N°. 28. Planche II. — Plan général par terre.

Sur ce plan sont compris tout le terrain et tous les bâtiments autrefois entourés de fortifications. Il ne s'y trouve plus aucune substruction du temps des Romains. Le manoir est couvert, au nord et au levant, par une longue courtine flanquée de deux bastions circulaires dont la construction ne peut remonter à une époque bien reculée, si l'on en juge d'après les linteaux en bois qui existent encore aux meurtrières. Il est probable que cette muraille d'enceinte a été élevée sur les fondements d'une enceinte plus ancienne et antérieure à l'érection du manoir actuel. On remarque en effet, vers le sud de l'église et au point marqué **x**, les fondations d'une épaisse muraille dont le prolongement en ligne droite irait inévitablement couper l'emplacement d'anciens bâtiments maintenant abattus, mais qui ont fait partie du manoir actuel. On accède au manoir par un pont en pierre qui a remplacé le pont-levis primitif, lequel aboutissait à la principale porte d'entrée, dont le jambage extérieur, quoique détérioré, est encore debout. La voûte du porche d'entrée est d'une date beaucoup plus ancienne que le long bâtiment aux offices qui sépare le manoir et les bâtiments de la ferme ; mais, à partir de la hauteur de cette voûte, la partie supérieure de la tour d'entrée est d'une construction moins ancienne que celle de la base. Au côté sud-ouest du manoir, il y avait autrefois, aux points marqués **y** et **z**, deux autres portes d'entrée, celle en **z** donnant accès à la cour intérieure entourée de bâtiments qui ont été démolis. Comme l'église obstrue en partie la vue de la façade principale du manoir, nous y voyons une preuve de plus de l'antériorité de construction de celle-là relativement à celui-ci. Le moulin à eau (**c**) qui est situé sur le ruisseau qui borne les jardins au sud-est, a été modernisé, mais il remonte à une haute antiquité, car il en est fait mention au *Domesday-book*, ou rôle du grand cadastre, déjà cité dans notre notice historique. Le grand étang qui borne l'enclos du manoir au sud, est alimenté par des sources naturelles; sa longueur est de 558 et sa largeur de 51 pieds. Les deux réservoirs à poissons qui y débouchent, ont chacun 83 pieds sur 31. Les eaux de l'étang se déversent dans le ruisseau qui le longe et dans lequel se jettent également celles du grand fossé de défense en passant par le canal du moulin. La terrasse déclive qui se trouve entre le manoir et l'étang, est plantée en verger.

2°. MANOIR.

N°. 29. PLANCHE III. — Plans par terre et de premier étage du manoir.

Le plan par terre est celui teinté en noir. Les murs au pointillé et marqués **xxxx** ayant été démolis, il en est résulté que l'escalier qui menait à l'aile gauche de l'étage a dû être déplacé. La pièce principale du rez-de-chaussée est la halle ou grande salle des banquets, à laquelle on accède par un beau porche voûté. Dans le mur de droite de ce porche on remarque un petit *was-ist-das*, ou plutôt une toute petite meurtrière qui servait à recevoir les lettres du dehors et à reconnaître les gens qui se présentaient pour entrer, et cela, afin d'éviter de devoir manœuvrer le pesant fléau de chêne qui assujettissait la lourde porte en chêne; pour compléter ce système de précautions, on avait pratiqué dans cette porte un tout petit guichet qui permettait à peine l'entrée à une personne à la fois. Un bel écran en chêne sculpté formait antichambre au bas côté de la halle, et il se trouvait, à l'opposite du porche et dans cette antichambre, une porte donnant accès à la cour intérieure, et qui était abritée par un petit porche qui n'existe plus. On passait de la halle dans la salle ordinaire à manger par la porte qui débouche dans la cage actuelle de l'escalier à l'angle sud-ouest de l'antichambre. Au sud de la salle à manger, on remarque une longue pièce à foyer et qui n'est éclairée que par deux meurtrières; et comme il se trouve encore, en contre-bas de celle de ces meurtrières qui est située à l'angle sud-ouest, une longue mortaise pratiquée dans l'épaisseur du mur pour loger le lourd fléau qui fermait la porte d'entrée située autrefois à ce même angle, on suppose que cette longue chambre était la loge d'un portier, et que le passage, éclairé par trois meurtrières, qui y débouche, était une galerie de laquelle le portier pouvait observer tout ce qui se passait dans la cour intérieure.

A l'ouest de la salle à manger et au sud de la susdite galerie se trouvait l'appartement du chapelain du manoir. Le haut bout de la halle était éclairé par deux fenêtres en loges richement voûtées et munies chacune d'une porte latérale menant, d'une part, aux offices maintenant démolis, et, d'autre part, au grand escalier de l'aile gauche, en passant par un vestibule voûté qui recevait son jour par les deux étroites fenêtres qui encadrent le contre-fort servant de soutien à l'encorbellement de la fenêtre semi-circulaire du premier étage. Il se trouve encore, en **c**, une porte qui menait sans doute à ce grand escalier, car le mur qui contient cette porte était autrefois une partition intérieure. Les pièces qui forment actuellement l'aile gauche du manoir, n'étant pas munies de foyers, il est plus que probable que ce sont d'anciens dégagements et vestibules par lesquels on communiquait au grand escalier et aux offices maintenant démolis. Le long bâtiment de l'aile droite (construit au temps d'Élisabeth) sert aux écuries, remises, étables, etc. L'emplacement qu'il occupe semble avoir été choisi pour dérober aux habitants du château la vue de la ferme et de ses dépendances.

Passons au plan de l'étage. Nous y remarquons d'abord la projection de la riche voûte de la halle. A l'aile gauche de celle-ci vient ensuite l'appartement des étrangers : il se compose d'un cabinet de toilette situé au-dessus de la fenêtre en loge de la halle (côté du nord) et d'une belle chambre éclairée, au nord, par une élégante fenêtre en encorbellement semi-circulaire, et, à l'orient, par deux fenêtres rectangulaires, dont l'une à quatre et l'autre à deux jours ; cette dernière est maintenant bouchée ; deux portes menaient de cette chambre aux bâtiments contigus qui sont indiqués au plan comme ayant été abattus; et comme le cabinet de toilette qui surmonte l'autre fenêtre en loge de la halle (côté du sud) a une porte à l'angle marqué **d**, cela semble indiquer qu'il se trouvait là un autre appartement d'étrangers ou de maîtres. De ces cabinets de toilette, on pouvait voir et entendre tout ce qui se faisait dans la halle au moyen des espions en mascarons qui sont représentés dans les détails de la planche XIX. A la droite de la halle se trouve d'abord une grande chambre à coucher avec un cabinet de toilette situé au-dessus du porche. Cette chambre est éclairée, au nord, par une grande fenêtre octogonale en encorbellement, et, au couchant, par une fenêtre à deux jours et par une meurtrière; il s'y trouve en outre (en **c**), un espion semblable à ceux précités. On communique de cet appartement du châtelain avec celui des étrangers au moyen d'un couloir situé dans les combles de la halle et qui aboutit aux deux escaliers dérobés dont les cages, marquées **b**, ont leur point de départ dans les cabinets de toilette, façade du nord. Comme la charpente des deux appartements que nous venons de décrire est ornée de moulures, il est probable qu'il ne s'y trouvait autrefois point de plafond. (Voir planche V.)

N°. 30. PLANCHE IV. — Façade nord du manoir et statuettes de couronnement des gables.

On remarque dans cette façade, qui est la principale de l'édifice, plus de symétrie qu'on n'en rencontre généralement dans les constructions anciennes du même genre. Plusieurs de ses membres méritent de fixer l'attention des architectes, notamment les deux élégantes fenêtres en encorbellement, les statuettes de gables, si spirituelles dans leur expression, et la souche de cheminée de la halle. Nous en reproduirons les principaux détails dans les planches suivantes. Les deux figures de chevalier qui surmontent les pignons de la halle portent des armures du temps d'Henry VI; le costume de la figure qui couronne le gable de l'aile gauche date de la même époque, sauf la coiffure, qui est plus moderne.

N°. 31. PLANCHE V. — Coupe longitudinale de la halle et des appartements contigus.

Cette coupe centrale a pour fond l'élévation intérieure de la façade du nord. On y remarque la porte extérieure du porche d'entrée de la halle, munie de son petit guichet et de son grand fléau de fermeture. L'écran et la galerie d'orchestre n'existent plus. Le mascaron qui surmonte l'arcade de la fenêtre en loge, est celui du cabinet de toilette qui est à l'étage de cette loge. Les plans de la planche III nous ont fait connaître la nature des pièces qui figurent en cette coupe. Les ouvertures que l'on remarque dans les combles de la halle, en **c c**, sont les débouchés des deux escaliers dérobés dont il a été fait mention plus haut. Les compartiments de combles qui figurent au-dessous de la coupe appartiennent respectivement aux deux grandes chambres à coucher des étrangers et du seigneur châtelain. Ces compartiments sont accompagnés de leurs détails. Le jambage compris au milieu de ces détails est celui d'une porte, maintenant bouchée, qui se trouve au premier étage et dans la muraille sud de l'aile gauche, ce qui prouve, ainsi que nous l'avons dit, que cette muraille, maintenant extérieure, était autrefois une partition intérieure.

N°. 32. PLANCHE VI. — Coupes transversales de la halle et détails.

La coupe de droite est prise suivant l'axe des fenêtres en loge du haut bout de la halle. On y remarque la coupe des espions en mascarons qui se trouvent dans les cabinets de toilette qui surmontent ces loges. L'écusson armorié, que supportent les griffons qui couronnent les deux petits gables de la façade du nord, est celui des Tropenell. Ces figures d'animaux sont aussi remarquables par le fini de l'exécution, que par la spirituelle expression de leur composition. Les détails de charpente qui complètent cette planche, appartiennent aux combles de la halle et des cabinets de toilette.

N°*. 33, 34, 35. PLANCHES VII, VIII et IX. — Élévations, coupes, plans et détails de la fenêtre en encorbellement demi-circulaire située dans la façade du nord (pl. IV).

L'ornementation de cette fenêtre est remarquablement belle. Comme pureté de dessin, le feuillage à fines découpures qui la couronne, laisse sans doute à désirer, mais il produit un excellent effet. Le réseau du cul-de-lampe d'encorbellement et les deux têtes-consoles qui le rattachent au contre-fort d'appui, sont aussi d'un fort joli dessin. Les soffites de la voussure intérieure sont d'une grande richesse, et leur dispositif offre cela de singulier que les nervures des pendentifs viennent s'épanouir sur les moulures de l'arcade intérieure de la fenêtre. Comme spécimen curieux d'ancienne serrurerie, nous donnons, planche IX, à l'échelle de demi-grandeur, la fermeture de la partie mobile du vitrail de cette fenêtre.

N°. 36. PLANCHE X. — Fenêtrage de la halle (façade du nord.)

La figure 1re représente la fenêtre en loge du haut bout, et la figure 2 l'une des deux fenêtres en ogive surbaissée qui occupent le centre de la façade. Voir la planche pour les détails y relatifs.

N°. 37. PLANCHE XI. — Élévation et coupe de la fenêtre octogonale en encorbellement (aile droite, façade du nord).

L'écusson aux armes des Tropenell qui couronne cette fenêtre, paraît être d'une date plus moderne que le reste de ce membre. Comme le réseau de tympan de la fenêtre rectangulaire qui se trouve en contre-bas de l'encorbellement a été détruit, nous l'avons rétabli, en prenant pour modèle la fenêtre analogue reproduite à la planche XV, figure 2.

N°. 38. Planche XII. — Plans divers et détails de la même fenêtre.

La rubrique de cette planche en explique suffisamment le contenu.

N°. 39. Planche XIII. — Plan, coupe et détails du porche d'entrée de la halle.

On remarque au centre de la coupe la petite fenêtre servant de *was-ist-das*, qui a été mentionnée plus haut. La voûte de ce porche est d'une grande élégance ; deux de ses consoles de retombée représentent des anges tenant l'écusson des Tropenell. Dans le jambage intérieur de la porte, on remarque la mortaise pratiquée dans l'épaisseur de la maçonnerie pour la manœuvre du fléau de fermeture. Le vantail de la porte est fait d'une double couche de madriers en bois de chêne entre-croisés et assemblés par de gros clous de fer. Nous renvoyons à la planche elle-même pour l'explication des détails.

N°. 40. Planche XIV. — Plan et détails de la fenêtre en loge de la halle, côté du nord.

La voûte de cette loge porte en clef un écusson aux armes des Tropenell ; il en est de même à la loge qui lui fait pendant au côté sud de la halle, sauf une modification dans la forme de l'écusson. Le profil de corbeau qui figure sur cette planche, est un de ceux qui soutiennent le petit escalier dérobé, menant du cabinet de toilette de l'étage aux combles de la halle.

N°. 41. Planche XV. — Trois fenêtres à amortissement rectangulaire, prises en différentes parties du manoir.

Figure 1re. C'est la petite fenêtre éclairant le cabinet de toilette qui se trouve au-dessus de la loge sud de la halle. (Voir pl. VI.)

Figure 2. C'est la moitié d'une fenêtre à quatre jours située dans la muraille orientale de l'aile gauche de l'édifice.

Figure 3. Moitié d'une fenêtre semblable à la précédente, mais de construction moins ancienne, et qui se trouve dans la chambre du chapelain.

N°. 42. Planche XVI. — Élévation, coupe et détails du manteau de cheminée de la halle ; — détails de la grande souche d'idem.

Le dessin courant qui décore le tympan de ce manteau est fort original ; il a été pendant longtemps caché sous une couche de plâtre. On remarquera que le côté gauche du socle de la grande souche n'est pas profilé comme celui de droite, ce qui provient du pan coupé qui se trouvait en cet endroit pour la cage du petit escalier dérobé dont il a, plusieurs fois déjà, été fait mention.

N°. 43. Planche XVII. — Élévation et détails de l'écran en bois de chêne situé au bas bout de la halle.

Cet écran se compose de cinq compartiments, dont trois, décorés d'un réseau ornemental, et deux, complètement ouverts et servant de passage. D'après le profilement des pieds-droits à colonnettes et pinacles, il est plus que probable qu'il n'y a jamais eu de portes à cet écran et que celles-ci y étaient remplacées par des portières de haute-lice. Le plancher et la balustrade de l'orchestre étaient assemblés par mortaises dans une poutre portant sur les pieds-droits de l'écran. Cet écran, autrefois richement décoré de peintures et d'or, a été pendant longtemps recouvert d'un épais badigeon, qu'on en a enlevé depuis, mais qui l'a complètement endommagé. Il se trouve encore dans la halle du château d'Haddon un écran tout-à-fait semblable à celui-ci. (Voir la Notice publiée sur ce château par Raynes.)

N°. 44. Planche XVIII. — Détails du même écran.

On voit que le dessin du réseau est différent pour chacun des compartiments à claire-voie. L'exécution en est d'un fini bien remarquable, et il en est de même en ce qui concerne les pieds-droits.

N°. 45. Planche XIX. — Grandes rosaces armoriées en bois de chêne, et autres détails décoratifs du plafond de la halle.

Remarquons, d'abord, parmi ces détails la devise déjà expliquée du fondateur du manoir, Thomas Tropenell, esq. : le joug et la devise sont sur champ de gueules ; le premier est peint en blanc et les lettres de la seconde le sont en azur, hormis le T, qui est moucheté. Les trois patères qui occupent le centre de cette planche, sont celles qui décorent la poutre centrale et longitudinale du plafond en ses points d'intersection avec les poutres transversales qui divisent ce plafond en compartiments carrés et plans, dont chacun est subdivisé en quatre caissons. Des trois écussons autrefois sculptés sur ces patères, deux sont maintenant tellement frustes qu'il est impossible de les déchiffrer. Celui resté intact est aux armes de Hill-Deverell, comté de Wills, savoir : d'argent, un chevron de sable entre trois têtes de loup ; c'est le blason d'Agnès, femme de Thomas Tropenell et quatrième fille de William Ludlow. L'écusson central portait très-probablement les armoiries, en parti, de ces deux époux, tandis que le troisième était simplement aux armes des Tropenell. Nous retrouverons ces mêmes armoiries dans la description du tombeau de la chantrerie, déjà mentionnée, de l'église de Corsham. Ces patères étaient, ainsi que la corniche et les autres moulures du plafond, autrefois richement peintes et dorées. Nous avons déjà dit que les têtes saillantes, qui sont ici reproduites en élévations intérieure et extérieure et en coupe, servent de masques aux espions, à travers lesquels les personnes qui se trouvaient dans les cabinets de toilette et dans la chambre à coucher du châtelain, pouvaient voir et entendre tout ce qui se faisait dans la halle, et cela, par les yeux, la bouche et le dessus de coiffure, percés à jour, de ces masques. L'une de ces têtes semble représenter un roi à longues oreilles d'âne, et l'autre, un évêque coiffé de sa mitre.

N°. 46. Planche XX. — Patères de plâtre du même plafond de la halle.

Comme ces patères menaçaient ruine, ainsi que les nervures auxquelles elles étaient attachées, on a dû les démonter, il y a quelques années ; et le propriétaire en a fait don au vénérable évêque actuel de Bath et Wells, qui en a enrichi le cabinet archéologique fondé par lui, dans la crypte du palais épiscopal de Wells. Parmi les sujets décoratifs de ces patères, on remarque la devise des Tropenell illustrée de diverses façons ; d'autres ont pour ornement, soit des feuilles de chêne ou de nénuphar, soit l'inscription votive J. H. C. (Jesu hominibus crucifixo.) Enfin, nous avons complété cette planche par un compartiment du plafond restauré dans son état primitif.

3°. ÉGLISE.

N°. 47. Planche I. — Façade du couchant et coupe longitudinale.

Ainsi que nous l'avons dit dans la notice historique, l'écran qui sert maintenant de clôture du chœur, va être rétabli dans sa position primitive à l'entrée de la chantrerie des Tropenell. L'arcade actuelle du chœur (c'est-à-dire l'arche triomphale) est de construction moderne, et comme elle est en arc de cercle, le malencontreux architecte qui l'a bâtie s'est tiré de l'embarras, que lui causait le raccordement de cette arche avec les colonnettes du jambage, en emboîtant les extrémités de l'arc dans de grosses pierres formant coussinets, ce qui est fort laid. (Voir ce qui a été dit dans la notice précitée relativement à l'âge des différentes parties de cet édifice.)

N°. 48. PLANCHE II. — Plan par terre, coupe transversale et détails de l'église actuelle.

Cette coupe est prise suivant l'axe de la chapelle de chantrerie ; elle a pour fond le mur oriental de l'église. Le plafond de cette chapelle est une voûte de chêne en berceau et partagée en caissons à moulures et patères. Sauf la forme de l'écusson, les armoiries qui décorent ces patères sont les mêmes que celles qui ont été précédemment décrites à l'occasion du plafond de la halle du manoir, ce qui fixe surabondamment et d'une manière certaine l'époque de la construction de cette chapelle.

On se rappelle que nous avons dit que la partie du chœur qui se trouve dans le prolongement de l'ancienne nef, a été rebâtie sur les fondations de l'ancien chœur ; quant à celle située dans le prolongement et à l'orient de la chantrerie, elle fut fondée par Robert Neale, esq., ainsi que l'indique une tablette scellée au-dessus du petit portail du sud et sur laquelle on lit la date de 1775 et les initiales R. N. C'est à la même époque que furent construites l'arche en arc de cercle dont il a été question plus haut et l'arcade située dans le mur oriental de la chapelle des Tropenell.

N°. 49. PLANCHE III. — Élévation, coupe et profil du porche.

Ce petit porche en encorbellement fait bon effet. Le réseau de sa voussure est assez élégant. (Voir la légende de la planche pour les détails.)

N°. 50. PLANCHE IV. — Demi-élévation et demi-coupe du clocheton ; — élévation extérieure et détails de la fenêtre du couchant.

La cloche porte l'inscription : R. P. Anno Domini 1622 et les armes royales d'Angleterre, telles qu'elles étaient alors blasonnées.

N°. 51. PLANCHE V. — Écran en pierre de la chapelle des Tropenell.

C'est une charmante composition que cet écran. Les vandales qui l'ont déplacé et badigeonné, lui ont fait subir plusieurs dégradations, notamment celle de la jolie dentelle de l'amortissement de la porte que nous avons essayé de rétablir ici au pointillé. Les cinq écussons qui en décorent la corniche, seront blasonnés à la planche suivante. Les détails qui complètent celle-ci, sont des coupes de la corniche, de l'appui, du stylobate, du jambage et des meneaux.

N°. 52. Planche VI. — Détails décoratifs du même écran.

Les cinq écussons ici reproduits sont ceux des Tropenell et des familles leurs alliées. Celui central est aux armes du fondateur, savoir : de gueules, à fasce d'argent engrelée et herminée, entre trois têtes de griffon. Le premier écusson de droite porte en parti, à dextre, les armes des Tropenell, et, à senestre, celles des Percy, qui sont : d'azur, six fusées en fasce d'or. Cet écusson rappelle le mariage de Walter Tropenell avec Catherine, fille de sir William et sœur de sir Henry Percy, tous deux anciens seigneurs chevaliers de Great-Chalfield, et c'est du chef de ce mariage et à défaut de progéniture mâle d'un sir Henry Percy, troisième du nom, que ce domaine échut, ainsi que nous l'avons déjà dit, à sir Thomas Tropenell. L'écusson n°. 2 est aussi en parti : il porte, à dextre, les armes des Tropenell, et, à senestre, celles des Rous, qui sont : d'azur à trois lions rampant d'hermine.

Cet écusson se rapporte au mariage de Roger Tropenell, petit-fils de Walter, avec Christine, fille de sir John Rous d'Imber. L'écusson n° 5 porte, à dextre, les armes des Tropenell, et, à senestre, celles des Roche, savoir : d'azur, trois rougets d'argent dans une bordure d'or ; il indique le mariage de Henry Tropenell, petit-fils de Roger, avec Edith, fille de Walter Roche, frère puîné du chevalier John Roche, fils de John Roche de Bromham. Enfin, l'écusson n°. 4 est celui déjà décrit de Thomas Tropenell, fondateur de la chapelle et du manoir, et d'Agnès, sa femme, quatrième fille de William Ludlow de Hill-Deverell. Mort en 1490, sir Thomas fût inhumé à côté d'Agnès sous le magnifique autel-tombe qui fait l'objet de la planche VIII ci-après. Les patères en quatrefeuilles qui se trouvent au bas de celle-ci, décorent la corniche de l'écran, à l'intérieur de la chapelle.

N°. 53. Planche VII. — Banc d'œuvre avec pupitre en chêne ; piscine en pierre.

Cette piscine est maintenant appliquée sur le mur sud du chœur, mais c'est une pièce de rapport qui provient de l'église primitive.

N°. 54. PLANCHE VIII. — Autel-tombe de Thomas Tropenell et d'Agnès, sa femme.

Cet élégant petit monument se trouve à l'église de Corsham, dans la chapelle de chantrerie fondée par la famille Tropenell. On lit l'inscription suivante sur la frise supérieure de la corniche : J. H. S. Xtus Nazarenus, Filius Dei, Filius David, Filius Mariæ Virginis, salvet nos; tandis que celle inférieure porte sur les quatre faces de l'édicule une suite continue de fleurons alternant avec la devise des Tropenell : Le jong tyra bèlement. Les panneaux polylobés du corps du tombeau ont en cœur les mêmes écussons que ceux qui ont été décrits à la planche VI. Ce monument porte encore de nombreuses traces de peinture et de dorure. Les écussons étaient autrefois blasonnés en couleurs.

MANOIR DE SOUTH-WRAXHALL,

COMTÉ DE WILTS.

Les rares documents parvenus jusqu'à nous en ce qui concerne ce domaine répandent peu de lumière sur son origine : ce qui s'explique par cette circonstance que, avant l'époque de la Réformation, le manoir de Wraxhall était une dépendance de celui de Bradford, lequel faisait lui-même partie du temporel de la célèbre abbaye de Shaftesbury ; aussi est-ce au cartulaire de cette dernière que nous avons eu recours pour trouver les premiers éléments de cette notice historique.

Le manoir de Bradford avait été donné par le roi Ethelred à l'abbaye de Shaftesbury, et cette donation fut ensuite confirmée par Richard Ier et par Édouard Ier. La première mention qui soit faite de Wraxhall dans le cartulaire de l'abbaye date du milieu du XIIIe siècle, et cela à l'occasion de la cession alors faite, à charge de rente et à des moines qui l'occupaient, d'une propriété (composée d'une maison avec vingt arpents de terre, prairie et dépendances) qui était enclavée dans le domaine de Wrokeshale et qu'un chapelain de cette localité, nommé Martin, avait antérieurement léguée à l'abbaye. On présume que la petite chapelle de St.-Edwyn, que l'on voit aujourd'hui encore dans le voisinage du manoir, est un reste de la propriété ainsi cédée. Cette présomption se fonde sur le cachet de haute ancienneté que porte cette chapelle ; et comme il se trouve encore, parmi les ruines qui l'entourent, une grande souche de cheminée construite dans le vieux style anglais, et qui date positivement de la même époque que la chapelle elle-même, on suppose que celle-ci avait à l'origine, de même que la chapelle de Plaister, pour destination d'héberger les pieux pèlerins qui allaient visiter les reliques de St. Joseph d'Arimathée.

La seconde mention que l'on trouve de Wraxhall dans le cartulaire précité remonte à la vingt-cinquième année du règne d'Édouard II (1332) ; elle a pour objet l'affranchissement d'un nommé Thomas Scathelok, jusque-là tenancier en villenage de l'abbaye pour le manoir de Bradford, ainsi que la donation en tenure coutumière au dit Thomas et à sa femme Édithe, fille de Roger le portier, d'un bien de culture et de pâture dépendant du manoir de Bradford, et qui était situé en partie à Wrokeshale et en partie sur le territoire de la ville de Lighe. Cette donation est très-probablement le point de départ, le noyau primitif de la propriété qui devait, un siècle plus tard, constituer un domaine seigneurial dans la famille des Long et sous le nom de manoir de Wraxhall.

Il est difficile de préciser la manière dont cette famille est entrée en possession de cette propriété; il semblerait toutefois, d'après les versions à peu près concordantes de Leland et de Camden, que c'est à la générosité d'un lord Hungerford, trésorier d'Angleterre, qu'un nommé Henry, surnommé *le Long* à cause de sa haute stature, et qui était au service de ce grand personnage, dut son affranchissement ainsi qu'un mariage avantageux qui le mit à même d'user de son droit de propriété. Quoi qu'il en soit de cette question d'origine, un point hors de doute, c'est que le manoir de Wraxhall, désigné sous le nom de *Little Maner at Wrexley* dans l'*Itinéraire* de Leland, avait pour propriétaire, au commencement du XVe siècle, un sir Robert Long, qui fut membre de la commission de paix en 1426 et député de Wilts à la chambre des communes en 1433. De son mariage avec Alice, fille de Réginald Popham de Nord-Bradley, comté de Wilts, Robert eut trois fils: Henry, Jean et Réginald. La halle du manoir en étant la partie la plus ancienne, et son style architectonique correspondant à celui en vogue au temps où vécut ce Robert Long, il est probable que c'est lui qui en fut le fondateur; mais on en est à cet égard réduit à de pures conjectures, car il n'existe aucun document qui le constate, et les armoiries qui font encore partie de l'ornementation de cette salle gothique, ne peuvent ici nous venir en aide, attendu que, à en juger d'après leur style, elles remontent tout au plus au règne d'Henry VII, sinon même à celui d'Henry VIII. Ces armoiries consistent, ainsi qu'on le verra aux planches X, XIV et XV ci-après, en écussons sculptés sur les culs-de-lampe en pierre qui servent de support aux consoles des retombées de fermes de la belle charpente ogivale à nu de la halle, charpente qui est néanmoins contemporaine du reste de l'édifice.

Robert, qui avait épousé en secondes noces Marguerite, veuve d'Édouard Wayte de Draycot-Cerne, et fille de Philippe Popham de Berton-Sacy dans le Hampshire, étant mort en 1447, le manoir de Wraxhall échut en héritage à Henry son fils aîné. Les deux mariages de Robert avec des femmes de la famille des Popham expliquent la différence que l'on remarque dans le blasonnement de deux écussons aux armes de cette famille qui se trouvent à Wraxhall, différence qui consiste en un croissant posé en chef et qui, dans l'héraldique anglaise, est une brisure d'armes qui distingue le puîné d'avec la branche aînée.

D'après le MSS 433, p. 33 de la Bibliothèque harléienne, Henry Long, fils de Robert, fut shérif de Wilts dans les années 1457, 1476 et 1483. Dans son testament daté de 1476, Marguerite lady de Hungerford l'institua l'un de ses fidéicommissaires. Il eut trois femmes, savoir : la première, Jeanne, fille de J. Ernleigh ; la deuxième, Marguerite, fille de Jean Newburgh de Lulworth, en Dorsetshire, et la troisième, Jeanne . . . . , qui lui survécut. Aucune d'elles ne lui donna d'enfants, et, quand il mourut, en 1490, il fut, d'après ses dernières volontés, enterré dans l'église paroissiale de Wraxhall, en face de la haute croix (*coram altâ cruce* (1). Le nom de famille de sa veuve n'est pas mentionné dans son testament, mais il est plus que probable, d'après le monument funéraire érigé à la mémoire de Jeanne dans la chapelle des Long, en l'église de Wraxhall, par le chevalier Thomas Long, neveu et héritier de Henry, que cette dame appartenait aux Berkeley par son père et aux Seymour par sa mère ; et en effet ce tombeau, dont nous donnons ci-après une esquisse (planche LXXVII) et qui existe encore aujourd'hui dans la chapelle susdite, est décoré d'un écusson partagé par pal, portant à dextre les armes des Long et à senestre celles écartelées des Berkeley et des Seymour ; et ce qui confirme notre présomption à cet égard, c'est, d'une part, que la coiffure de la figure de femme couchée sur ce tombeau est bien celle alors portée par les dames veuves, et, d'autre part, que les arbres généalogiques de ces familles n'indiquent pour ce temps-là qu'une seule alliance avec un membre de celle des Long, à savoir, avec la fille de Thomas Berkeley et d'Élisabeth, fille de Thomas Seymour.

Le chevalier Thomas Long, héritier de Henry, du chef de son père, frère puîné de ce dernier, avait épousé Marguerite, qui était à la fois sœur et cohéritière de Thomas Wayte de Temple et de Draycot, et sœur cadette d'Édouard Wayte par Marguerite Popham, laquelle, ainsi qu'il a été dit plus haut, avait épousé en secondes noces Robert Long. C'est à raison de ces alliances croisées que le manoir de Draycot échut aux Long *in jure uxoris ;* et comme ce manoir était un fief de *petite sergenterie,* c'est-à-dire donnant à son possesseur la prérogative féodale de remplir la charge de maréchal au couronnement du Roi, c'est ainsi que l'insigne de cette dignité (le gonfanon)

---

(1) Probablement celle du jubé ou de l'arc triomphal, à l'entrée du chœur.

T.

fut successivement transmis des Cerne aux Wayte et de ceux-ci aux Long, comme on le voit sur le tombeau précité, ainsi que dans l'ornementation de la chapelle qui le renferme ; et ceci confirme notre croyance que le chevalier Thomas fut à la fois le fondateur de cette chapelle et de ce tombeau.

Thomas, shérif en 1501 et exécuteur testamentaire de sir Richard, seigneur de St.-Amand en 1508, avait épousé Marguerite, fille de sir Georges Darell de Littlecote et de Marguerite Seymour du Wiltshire. Il avait fait partie de cette grande compagnie de gentilshommes qui combattit sous le duc de Buckingham à l'affaire de Taunton, en 1496, pour la cause d'Henry VII contre le faux prétendant Perkin Warbeck ; et c'est probablement ce fait d'armes qui était illustré sur les vitraux qui, au temps d'Aubrey, ornaient encore les tympans des fenêtres du manoir et dont le seul spécimen encore existant se voit dans la fenêtre d'étage du porche de la halle. Henry VII l'ayant créé chevalier à l'occasion du mariage du prince Arthur, son fils, avec Marguerite d'Aragon, Thomas Long prit alors pour cotte d'armes l'écusson de ses aïeux écartelé avec celui des Seymour. Or, comme nous trouvons cette cotte d'armes ainsi que le gonfanon à la fois sculptés sur les culs-de-lampe de la halle et sur le porche d'entrée du manoir, nous croyons pouvoir considérer le chevalier Thomas comme fondateur de ces culs-de-lampe et de ce porche. On voit encore aujourd'hui dans le chœur de l'église de Wraxhall l'autel-tombe gothique, en pierre de taille, qui fut élevé en mémoire de ce gentilhomme ; il ne porte aucune inscription, mais son heaume de chevalier y est encore appendu.

Il eut pour héritier son fils Henry, qui remplit à diverses reprises la charge de shérif dans les comtés de Wilts, de Somerset et de Dorset, et qui représenta, en 1552 et 1555 dans la chambre des communes, le premier de ces comtés. Henry épousa en premières noces Frideswide, fille de sir John Hungerford de Down-Ampney, arrière-petit-fils du lord-trésorier déjà cité, et en secondes noces Éléonor, fille de Richard de Wrottesley, du Staffordshire, laquelle était veuve d'Edmond Leversedge de Frome-Selwood, comté de Somerset. Il avait fait partie de la suite d'Henry VIII à la fameuse entrevue du Champ du Drap-d'Or, et assisté au siége de Boulogne, en 1544, et au sac de Thérouane, en 1555 ; et c'est en récompense d'une action d'éclat qu'il fit à cette dernière affaire, sous les yeux du roi, que celui-ci le créa chevalier de sa propre main, augmenta le cimier de son écusson d'une tête de lion tenant en gueule une main d'homme, et lui donna pour sa bannière la devise : 𝔉ortune soies heureux.

Comme ces glorieuses pièces héraldiques ne se trouvent nulle part dans l'ornementation du manoir, il est permis d'en conclure avec certitude que toutes les constructions en style gothique de cet édifice sont antérieures au temps de ce vaillant chevalier, car les gentilshommes d'alors étaient trop fiers de pareilles distinctions pour ne pas les faire figurer dans la décoration des édifices qu'ils faisaient élever. La seule trace que l'on trouve de ce brave chevalier dans le manoir de sa famille, consiste en une assez pauvre cheminée de chambre à coucher, sur le manteau de laquelle sont gravées, d'une part, les initiales S. H. L. (sir Henri Long), et, d'autre part, H. E. (Henri-Éléonor), ces dernières reliées par un nœud gordien.

Robert, fils aîné d'Henry, lui succéda dans ses biens et devint seigneur de Wraxhall et de Draycot. Il avait, de même que son père, pris part au fameux siége de Boulogne. Shérif de Wilts en 1577, il eut quatre enfants, dont une fille, de son mariage avec Barbe, fille de sir Édouard Carne de Wenny, en Clamorganshire. Premier membre protestant de sa famille, il fit subir de nombreuses altérations à la chapelle des Long, dans l'église de South-Wraxhall, pour la transformer en stalle appropriée aux besoins du nouveau culte. Dans la période postérieure, cette même chapelle reçut de nouvelles mutilations, et l'on y voit encore les derniers vestiges des anciennes sculptures que le marteau des vandales modernes a dévastées. Pour perpétuer le souvenir des regrettables travaux que Robert fit exécuter à la chapelle de ses catholiques aïeux, on a scellé, au-dessus des portes intérieure et extérieure par lesquelles on y accède, une pierre commémorative sur laquelle est sculptée l'inscription suivante : R. An. Dni. 1555 L., laquelle est encadrée entre une tête de cerf et l'insigne du maréchalat dont il a été plusieurs fois question.

Robert eut pour successeur de ses titres et de ses biens Walter, son fils aîné, qui fut membre du parlement en 1592 et shérif en 1601. Il eut deux fils et une fille de sa première femme Marie, fille du chevalier William Packington de Westwood, comté de Worcester; et sa seconde femme, Catherine, fille du chevalier John Thynne de Longleat, lui donna douze enfants, dont six filles. C'est ce Walter qui fit construire dans la halle de Wraxhall la cheminée dans l'ornementation de laquelle figurent l'écusson paternel (Long en parti avec Carne) et le millésime An. Dni. 1598 (voir planche XIV). C'est aussi lui qui fit abattre l'ancienne aile gauche du manoir dans laquelle était comprise la chambre d'étrangers, et qui la remplaça par le riche salon en style renaissance reproduit en perspective à la planche XVII de cette monographie.

Ce salon date du commencement du règne de Jacques Ier, mais son fenêtrage est tout-à-fait dans le style dit d'Élisabeth. En arrière de cette pièce se trouve une petite rampe d'escalier qui mène dans une chambre à coucher dont la cheminée, également en style renaissance, porte dans ses divers panneaux les sentences suivantes : Faber est quisq. fortune sue; Aequa laus est a laudatis laudari et ab improbo improbari; Mors rapit omnia. On accède par le même escalier au petit cabinet qui surmonte la fenêtre en loge de la halle, côté nord-ouest. Notons, en passant, que l'unique porte du cabinet correspondant à celui-ci, au-dessus de l'autre fenêtre en loge de la halle, a été bouchée par la maçonnerie de la grande cheminée du salon, ainsi qu'on le peut voir à la figure 3 de la planche XIV.

Aubrey rapporte, dans ses *Lettres et Biographies des hommes illustres*, de curieuses anecdotes, notamment une légende fantastique, relatives au chevalier Robert, dont il vient d'être question. A sa mort, le manoir de Wraxhall passa à son fils John, aîné du premier lit. Enfin, entre ce John et sir Walter Long, M P et propriétaire actuel de ce domaine, huit autres descendants de cette honorable famille en furent successivement possesseurs à titre d'héritage (1); et nous apprenons avec plaisir aux amis de l'art chrétien que sir Walter apprécie trop bien la valeur archéologique des restes gothiques du manoir de ses pères pour ne pas mettre tous ses soins à leur conservation.

Comme le manoir de Wraxhall est d'une date plus ancienne que celle du manoir de Great-Chalfield, il suffit de comparer entre eux ces deux édifices dans leurs parties primitives pour être convaincu que le second n'est qu'une copie amplifiée du premier.

Afin de faire mieux ressortir les nombreuses altérations et additions qui ont été faites au vieux manoir, sujet de cette notice, nous avons, dans les plans des planches II-III et IV-V, indiqué par des teintes foncées les constructions primitives, par des teintes claires celles des temps postérieurs et par des lignes ponctuées les anciens murs, dont il ne reste plus que les fondations.

---

(1) Comme aucun de ces successeurs du chevalier Robert Long n'a modifié ni agrandi le manoir, en tant que constructions, nous croyons inutile de reproduire ici les notes biographiques qui leur sont consacrées dans le texte anglais.

Pour les motifs indiqués dans notre avant-propos, nous avons cru devoir élaguer de cette notice historique, ainsi que nous l'avons fait pour celle relative à Great-Chalfield, une foule de développements généalogiques et biographiques complètement étrangers au sujet de cet ouvrage d'art.

T.

DESCRIPTION DES PLANCHES.

N°. 55. Planche I. — Vue pittoresque du manoir (côté du sud-ouest).

Le porche d'entrée, situé à l'aile droite et que surmonte une fenêtre en encorbellement, était autrefois enclavé entre des bâtiments servant d'écuries et qui, bien que moins anciens que le porche lui-même, sont maintenant démolis (1). Le grand corps de logis qui occupe le centre de l'édifice, contient la halle et le salon de réception. Le long bâtiment de l'aile gauche se compose d'offices au rez-de-chaussée et de logements de domestiques à l'étage ; on y voit un spécimen assez remarquable de souche de cheminée en encorbellement. Ainsi que nous l'avons fait pour la vue pittoresque de Great-Chalfield, on a, dans celle-ci, supposé démoli le mur d'enceinte de la cour, afin de laisser mieux voir l'ensemble de l'édifice.

N°s. 56-57. Planches II-III. — Plan par terre du manoir.

Le bâtiment qui relie maintenant le porche d'entrée au corps de logis principal, a été construit au temps d'Élisabeth. A l'origine, ce porche n'avait que 14 pieds de longueur et servait simplement d'entrée dans la grande cour. La halle a le même plan que celle de Great-Chalfield ; on y accède par un porche fermé qui débouche dans l'antichambre formée par un écran érigé au temps de Jacques Ier. Dans le prolongement de cette antichambre, se trouve une galerie longeant l'un des côtés de la cour intérieure et sous laquelle on accède à l'ancienne cuisine ; au-delà de celle-ci se trouve la nouvelle cuisine, qui date du règne d'Élisabeth. L'ancien salon de réception avait sa porte d'entrée dans l'antichambre de la halle ; il est maintenant partagé en plusieurs pièces, et l'on a construit à l'un de ses angles un escalier qui mène à l'appartement du châtelain. Des deux fenêtres en loge qui éclairent le haut

---

(1) Le *Gentleman's Magazine* a donné, dans sa livraison de mars 1858, une vue du manoir, dans laquelle figurent les écuries et autres bâtiments de service dont il s'agit ici.

bout de la halle, celle de gauche conduit à la cave, autrefois le garde-manger, et celle de droite à une cage d'escalier qui mène à l'ancienne chambre des étrangers, laquelle a été agrandie et convertie en salon de réception. A droite du même escalier est située la salle à manger, bâtie au temps de Jacques Ier. La longue rangée d'offices qui occupe le côté nord de la grande cour, a été construite à diverses époques ; sa partie la plus ancienne, et qui paraît être contemporaine de la halle, est teintée en noir ; elle était donc primitivement isolée, et c'est au temps d'Élisabeth qu'a été construite la serre (ou orangerie) qui lui est contiguë à l'est, ainsi que le bâtiment qui joint cette aile au corps du manoir. (Voir la légende de la planche pour les autres parties du plan.)

N°s. 38-39. Planches IV-V. — Plan du premier étage.

C'est ici que nous rencontrons le changement le plus considérable qu'ait subi le plan primitif du manoir. Il consiste dans le remplacement de l'ancien appartement des étrangers par une nouvelle aile gauche dont les pièces principales sont une salle à manger du côté du jardin et un grand salon de réception du côté de la grande cour d'entrée. Nous avons déjà dit que l'exécution de ces travaux date de la fin du règne d'Élisabeth ou du commencement de celui de Jacques Ier. Comme le salon de réception est plus large et plus long que la pièce qu'il a remplacée, et que, pour un motif qui se comprend difficilement, on a tenu à conserver l'ancien comble, l'architecte a fait porter l'une des retombées de ce comble sur un sommier transversal dont le centre est soutenu par un massif en maçonnerie qui se trouve en saillie dans le salon, et dont on a cherché à dissimuler le mauvais effet en y pratiquant un système de niches, au-dessus desquelles se continue le lambrissage qui recouvre les autres parois de l'appartement ; de telle sorte que le berceau du plafond se raccorde avec deux parties en plates-bandes.

Le fenêtrage rectangulaire de ce salon est aussi remarquable par sa double disposition angulaire que par son immense étendue. On communique de ce salon avec la halle et avec la salle à manger au moyen de l'escalier qui le sépare de cette dernière. La légende de cette planche suffit à indiquer les autres parties du premier étage, et nous renvoyons aux planches XVI et XVII pour les détails du salon de réception, ainsi que pour l'ancien comble à fermes ogivales dont il vient d'être fait mention.

N°. 60. Planche VI. — Plan et élévation du porche d'entrée.

Ce porche paraît avoir été construit au commencement du règne d'Henry VIII, époque à laquelle sir Thomas Long devint propriétaire du manoir de Draycot-Cerne ; ce qui tend à le prouver, c'est le gonfanon de maréchal de la Couronne qui décore le larmier de l'archivolte. L'encorbellement de la fenêtre est orné d'un écusson aux armes des Long. Sous le porche se trouvent, à droite, l'escalier qui mène à la chambre qui sert de demeure au portier, et, à gauche, une porte d'entrée pour les piétons.

N°. 61. Planche VII. — Coupe longitudinale et plan du premier étage du même porche.

La charpente ici représentée est celle du porche primitif. On remarque que le pignon était autrefois couronné d'un bouquet.

N°. 62. Planche VIII. — Élévation et coupe de la fenêtre en encorbellement du même porche.

Il est plus que probable que l'amortissement de cette fenêtre, qui est maintenant en plate-forme, était primitivement en pyramide à rédents, surmontée d'un ornement héraldique analogue à celui que nous avons vu au manoir de Great-Chalfield. Les vitraux peints n'y existent plus.

N°. 63. Planche IX. — Détails de la même fenêtre.

Ces détails sont :

3 coupes horizontales, prises à diverses hauteurs ;
L'écusson de l'encorbellement portant les armes primitives des Long, savoir : Lion rampant léopardé sur champ semé de croisettes fleuronnées ;
Les jambages angulaires, les meneaux et la terminaison du larmier d'archivolte ;
Les profils de la corniche et de l'encorbellement de la fenêtre ;

Ceux de l'archivolte et du soubassement de la porte ;

Enfin, l'un des jours de la fenêtre, en élévations intérieure et extérieure.

N°. 64. Planche X. — Façade de la halle et du salon de réception. — Quelques détails y relatifs.

Nous avons déjà fait remarquer la grande ressemblance qui existe entre cette halle et celle de Great-Chalfield : la disposition est absolument la même de part et d'autre, en ce qui concerne le porche, la souche de cheminée et les fenêtres en loge du haut bout. Les gargouilles ici représentées sont, à partir de la gauche, les deux premières qui décorent la façade de la halle; les autres seront reproduites à la planche XVI. A gauche et au bas de celle-ci, on voit la souche de cheminée en encorbellement déjà mentionnée et qui se trouve appliquée sur la façade du bâtiment de l'aile gauche. Cette souche est soutenue par un contre-fort et des corbeaux.

N°. 65. Planche XI. — Élévation, coupe et détails du porche de la halle.

Les fenêtres de ce porche étaient autrefois garnies de vitraux peints ; nous avons déjà dit que le seul spécimen qui en existe encore, se trouve dans le quatrefeuille du tympan de la fenêtre de front. Les arbalétriers du comble sont d'une seule pièce comme les nervures d'un bateau. Voir la légende de la planche pour la nature des détails qui la complètent.

N°. 66. Planche XII. — Élévations intérieure et extérieure, coupe et détails de la fenêtre en loge située dans la façade de la planche X.

Les moulures de cette fenêtre sont simples, mais d'un grand fini d'exécution. L'arcade à colonnettes qui termine son embrasure à l'intérieur est d'un fort bel effet.

N°. 67. Planche XIII. — Élévation, coupe et détails de l'une des fenêtres de la halle.

Ces fenêtres offrent une particularité remarquable qui consiste en ce qu'elles sont en ogive obtuse à l'extérieur, tandis que l'arcade de leur embrasure est en arc à la Tudor, c'est-à-dire, décrit de quatre centres.

En ce qui concerne leurs moulures, même observation que pour la fenêtre de la planche XII. Le larmier d'archivolte présente aussi une singularité dans son profil : son canal saille directement du nu du mur. Voir la planche pour les autres détails de ces belles fenêtres.

N°. 68. Planche XIV. — Coupes longitudinale et transversale de la halle et de ses fenêtres en loge ; détails de la cheminée.

La charpente à nu de cette salle est d'une grande élégance. Les compartiments, formés par l'intersection des arbalétriers et des vernes, sont richement ornementés. Les fermes sont en arc gothique surbaissé et portent sur d'élégantes consoles en chêne qui reposent elles-mêmes sur les culs-de-lampe en pierre armoriés dont il a été question dans la notice historique. Celle de ces consoles qui se trouvait contre le mur de pignon de droite, a été supprimée pour faire place à la maçonnerie du tuyau de cheminée du grand salon de réception. Le manteau de cheminée de la halle est un curieux spécimen du style dit d'Élisabeth ; il porte le millésime de 1598. L'écusson qui en décore le centre, est aux armes des Long en parti avec celles des Carne (un pélican nourrissant son petit). Il remémore le mariage de sir Robert Long avec Barbe, fille de sir Édouard Carne et mère de sir Walter Long, fondateur de cette cheminée.

N°. 69. Planche XV. — Coupe transversale du comble de la halle et détails y relatifs.

Nous reproduisons sur cette planche les huit écussons de culs-de-lampe, dont il a été si souvent fait mention, pour en donner le blasonnement. On remarquera d'abord que la forme de l'écu est la même pour tous ; le champ en est légèrement concave et brisé en deux moitiés longitudinales.

Le N°. 1 porte le gonfanon de maréchal, déjà expliqué (1).

---

(1) Si nous traduisons *fetterlock* par *gonfanon*, ce n'est à coup sûr point à cause de la forme ici donnée à l'insigne du maréchal, mais bien parce que, d'après le cérémonial féodal des anciennes cours de France et d'Angleterre (cérémonial dont le prototype se trouve dans les *Assises de Jérusalem* et qui a encore été religieusement suivi au couronnement de Georges IV), les fonctions de cet officier de la Couronne consistant à suppléer le connétable pour porter le gonfanon devant le Roi et pour tenir la bride de son cheval pendant la solennité du couronnement, son insigne honorifique devait être un gonfanon ou une pièce de harnachement.
T.

Le N°. 2 porte en chef deux têtes de cerf armées et un croissant : ce sont les armes de la branche cadette des Popham.

Le N°. 3 porte en parti Long et Popham.

Le N°. 4, chargé de dix billettes (1—3—3 et 3), est la cotte d'armes des Cowdray.

Le N°. 5 est l'écusson déjà signalé des Long.

Le N°. 6, portant un chevron à trois tourteaux sur un semi de croisettes pattées, est celui des Berkeley.

Le N°. 7 porte Long et Berkeley en parti.

Enfin, le N°. 8, chargé de deux ailes serrées, est la cotte d'armes des Seymour (1).

N°. 70. Planche XVI. — Détails divers.

La coupe et les détails de comble qui occupent le haut de cette planche, appartiennent à l'ancienne charpente, qui a été conservée, ainsi que nous l'avons dit, lors de la construction du grand salon de réception.

Les gargouilles ici reproduites occupent sur la façade de la halle les places indiquées par leurs numéros de repère.

Enfin, la boiserie ornementée qui occupe la gauche de la planche, est un compartiment de la charpente à nu de la halle.

N°. 71. Planche XVII. — Vue pittoresque du salon de réception.

La partie la plus digne de remarque de cette pièce est assurément la cheminée, qui est un véritable chef-d'œuvre du style renaissance. Dans les quatre niches qui en décorent la hotte, se trouvent les figures allégoriques de la Prudence, de l'Arithmétique, de la Géométrie et de la Justice. On lit dans les cartouches du stylobate

---

(1) Voir, pour les émaux de ces armoiries, un manuscrit d'Aubrey sur le manoir de South-Wraxhall, lequel MSS se trouve au Musée Ashmoléen, à Oxford.

de l'arcature corinthienne qui contient ces niches, les deux distiques suivants, dont le premier correspond à l'arithmétique et le second à la géométrie :

> Par impar numeris vestigo rite subactis,
> Me pete, concinne, si numerare cupis.

Et

> Mensuras rerum spatiis dimetiora equis
> Quid Cœlo distet Terra, locusque loco.

Le plafond de ce salon est ouvragé en plâtre, et, comme il a déjà été dit, la partie en berceau de ce plafond est appliquée sur la charpente de l'ancienne chambre des étrangers, qui a été remplacée par le grand salon ici en question au temps de Jacques I*er*.

ÉGLISE ST.-PIERRE, A BIDDESTON.

COMTÉ DE WILTS.

Les églises de St.-Pierre et de St.-Nicolas, à Biddeston, portent le cachet d'une grande ancienneté, et leurs clochetons soulèvent, sous le rapport archéologique, une question si intéressante que nous avons cru à propos d'en donner ici une vue pittoresque (voir planche LXXVII). Celui de St.-Nicolas est en style *normand*, tandis que celui de St.-Pierre est en gothique dit *perpendiculaire anglais*. Or, comme cette dernière église est beaucoup plus ancienne que la première, on peut admettre que le clocheton de St.-Nicolas a été fait à l'imitation de celui primitif de St.-Pierre. Ce qui nous autorise à croire que le clocheton de St.-Nicolas est de l'architecture normande, c'est sa ressemblance, d'une part, avec celui signalé comme tel dans l'*Archæologia*, tome XXIV, planche XXXII du *Benedictionale* de St. Aethelwood, et, d'autre part, avec celui de Binsey, près Oxford, qui, suivant Ingram, remonte à une époque antérieure à celle de la conquête par les Normands; et comme on voit encore des clochetons de même style aux églises de Corston et de Leigh-de-la-Mère, dans le voisinage de Biddeston, ainsi qu'aux églises d'Acton-Turville et de

Boxwell, dans le Gloucestershire, nous n'hésitons pas à nous ranger de l'avis de l'ingénieux antiquaire C. W. Loscombe, qui voit dans ce genre de clochetons un type de la vieille architecture anglo-saxonne.

L'église de St.-Pierre doit, à l'origine, avoir été plus grande qu'elle ne l'est maintenant, et ce qui reste de ses constructions primitives accuse une époque beaucoup plus reculée que celle de la nef actuelle. Ces restes sont : d'abord, dans le mur du nord et en face du porche du sud, une arcade bouchée, dont la courbure en arc de cercle et l'ornementation appartiennent incontestablement à l'architecture anglo-saxonne; ensuite, dans le même mur, une autre arcade également bouchée et en arc de cercle, qui servait autrefois d'entrée intérieure à une chapelle de chantrerie qui appartenait sans doute au seigneur du manoir sur les terres duquel était située cette église ; enfin une piscine ou crédence pratiquée dans la muraille près de cette dernière arcade, et qui, depuis la démolition de la chantrerie, se trouve à l'extérieur de l'église (voir planches IV et V). Ainsi que l'indique le plan de la planche Ire, l'ancien chœur a été abattu, mais son arcade d'entrée est encore visible dans le mur du chevet.

L'église de St.-Pierre était autrefois dans la juridiction du prieuré de Monkton-Farley (1); mais, à l'époque de la Réformation, elle passa, ainsi que le vicariat de St.-Nicolas et la chapelle de Slaughterford qui lui furent alors annexés, sous le patronage du seigneur du manoir; et elle est devenue, depuis 1807, un des bénéfices rectoraux du collège de Winchester, archidiaconat de Wilts, diocèse de Sarum.

---

(1) Voir Dugdale's *Monasticon*, tome V, p. 51, et sir Thomas Philipps's *Institutiones in Wilts*.

DESCRIPTION DES PLANCHES.

N°. 72. Planche I.—Façade du sud et plan par terre.

Dans le mur de masque de l'arcade de l'ancienne chantrerie, se trouve maintenant pratiquée une fenêtre dans le genre de celle que l'on voit sur la façade du sud. Notre plan en indique la projection, ainsi que celle de la crédence mentionnée plus haut. Le porche est un bon type du genre; ses moulures, quoique simples, sont d'un bon effet; mais la partie la plus remarquable de l'édifice, c'est le clocheton que nous allons examiner.

N°. 73. Planche II. — Élévations, coupe, plans divers et détails du clocheton.

La lettre de cette planche indique les hauteurs auxquelles correspondent les trois coupes horizontales du clocheton. La coupe verticale est prise suivant le grand axe de l'église; elle fait voir que le poids du clocheton est en parfait équilibre sur le mur de pignon. Les profils amplifiés qui figurent à la droite et à la gauche de la planche, sont ceux du couronnement crénelé et des deux consoles d'encorbellement.

N°. 74. Planche III. — Plan, façades de front et de flanc, coupe et détails du porche.

Toutes ces figures s'expliquent d'elles-mêmes.

N°. 75. Planche IV. — Porte intérieure et bénitier du porche; fenêtre d'idem; piscine déjà citée; détails relatifs à ces divers membres de l'édifice.

Il n'y a pas pour nous le moindre doute que la piscine ici reproduite est, ainsi que les deux arcades bouchées dans la muraille du nord, de l'architecture anglo-saxonne.

N°. 76. Planche V. — Élévation, coupe et détails des deux fenêtres situées dans les façades sud et nord de l'église.

Nous avons déjà dit que la seconde de ces fenêtres (celle fig. n°. 2) a été pratiquée dans le mur de masque qui bouche l'arcade de l'ancienne chapelle maintenant démolie.

Planche supplémentaire.

N°. 77. La lettre en indique suffisamment le contenu.

FIN DU TOME IIIme ET DERNIER.

TABLE DES MATIÈRES.

TOME I.

	Pages
Avant-propos du traducteur.	1
Table des planches	1
Introduction par E. J. Willson	7
Collége de Merton, à Oxford	15
Collége de Bailliol, ibidem.	18
Nouveau collége, ibid.	19
Collége des Ames, ibid.	20
Collége de St.-Jean, ibid.	23
Collége de la Madeleine, ibid.	25
Collége de Brazenose, ibid.	33
Église de St-Pierre, ibid.	34
Église de Ste-Marie, ibid.	36
Église de Ste-Catherine, en Tower-Hill, à Londres.	37
Abbaye de St-Alban, à Herts.	38
Église de Beddington, près Croydon.	39
Manoir de Beddington, comté de Surrey	41
Palais archiépiscopal de Croydon	42
Palais royal d'Eltham, comté de Kent.	46
Église de Old-Walsingham, comté de Norfolk.	55
Église de New-Walsingham, ibidem	57
Église de Fakenham, ibid.	57
Château d'Oxborough, ibid.	59
Manoir de Wolterton, à East-Barsham, ibid.	65
Manoir de Thorpland, ibid.	73
Presbytère de Great-Snoring, ibid.	75

TOME II.

Avis de l'éditeur	1
Considérations sur l'architecture gothique et sur son imitation par les modernes, précédées d'une notice sur les œuvres de feu Auguste Pugin	III

	Pages
Table des planches	XXIII
Chapelle de Houghton in the dale, Norfolkshire	27
Chapelle du collége de Merton, à Oxford	30
Château de Herstmonceaux, comté de Sussex	31
Château de Warwick	41
Château de Kenilworth, comté de Warwick	43
Château de Raglan, comté de Monmouth	55
Château de Thornbury, comté de Glocester	61
Maison décanale de Wells, Somersetshire	73
Palais épiscopal de Wells, comté de Somerset	78
Pavillon aqueduc situé dans les jardins du même palais	84
Abbaye de Glastonbury, comté de Somerset	85
Auberge St-Georges, à Glastonbury	90
Tribunal de Glastonbury	93
Grange de l'Abbé, à Glastonbury	95

TOME III.

Avant-propos du traducteur	I
Notice sur feu Welby Pugin, par le même	a—q
Table des planches	IX
Clos des vicaires choraux de Wells, Somersetshire	15
Manoir et église de Great-Chalfield, Wiltshire	42
Manoir ibid. ibid.	46
Église ibid. ibid.	52
Manoir de South Wramhall, ibid.	57
Église de St-Pierre, à Biddeston, ibid.	69

Auguste Welby Pugin,
d'après Herbert.

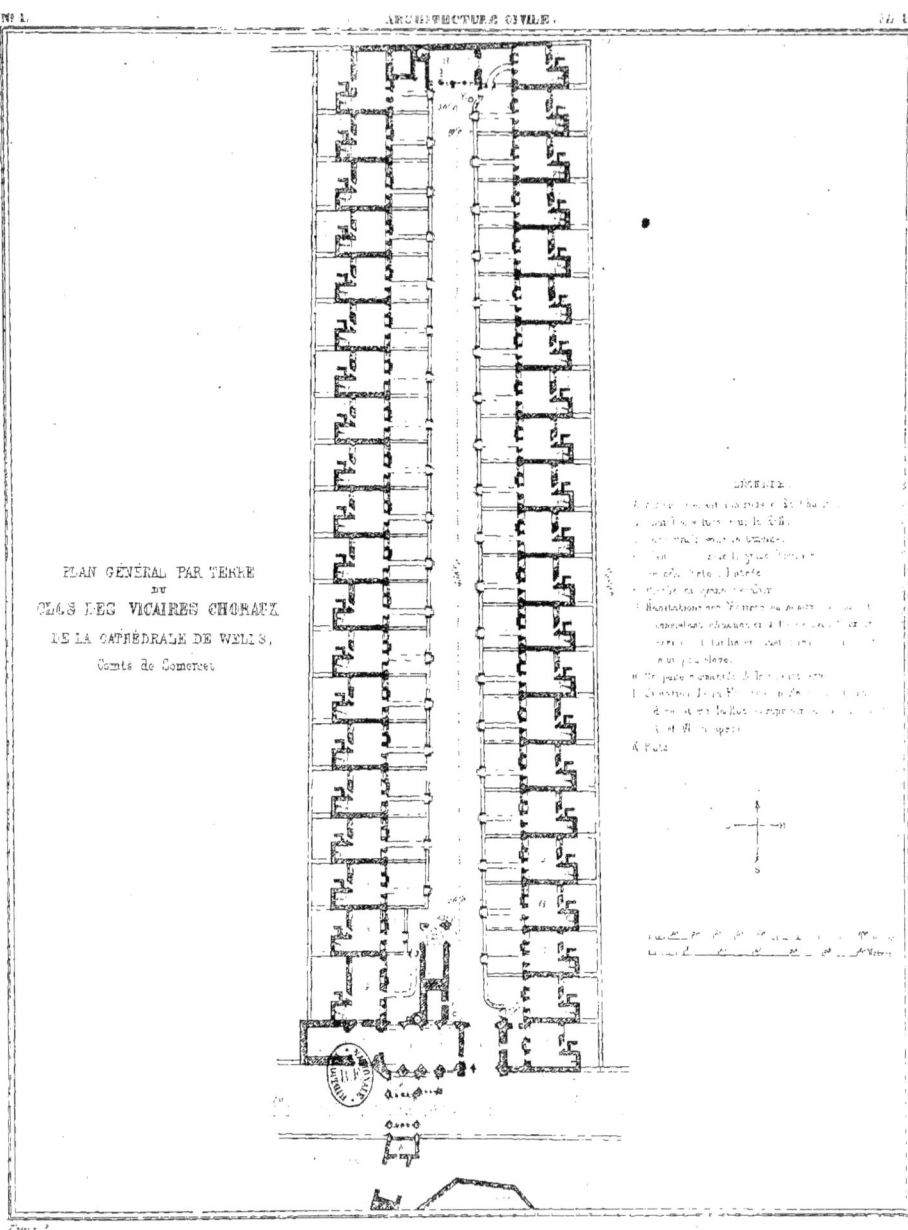

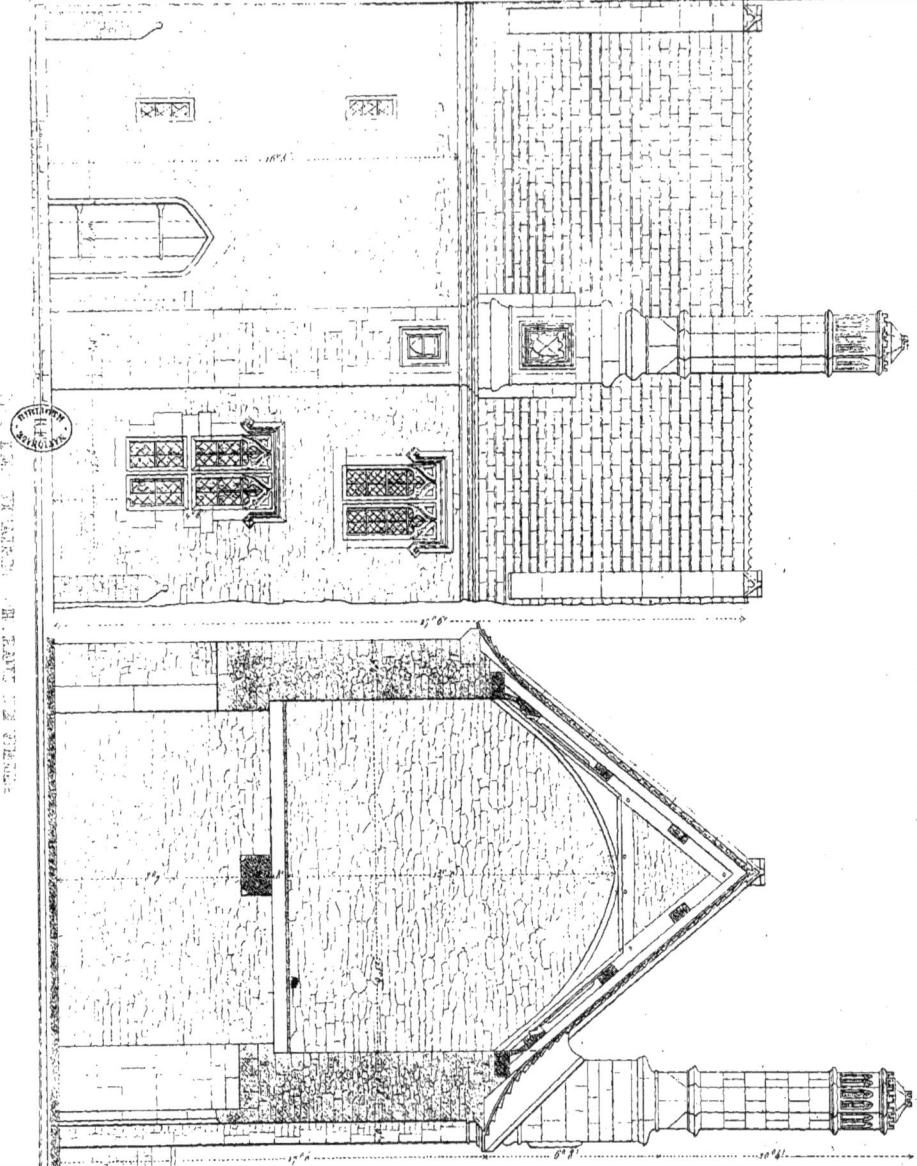

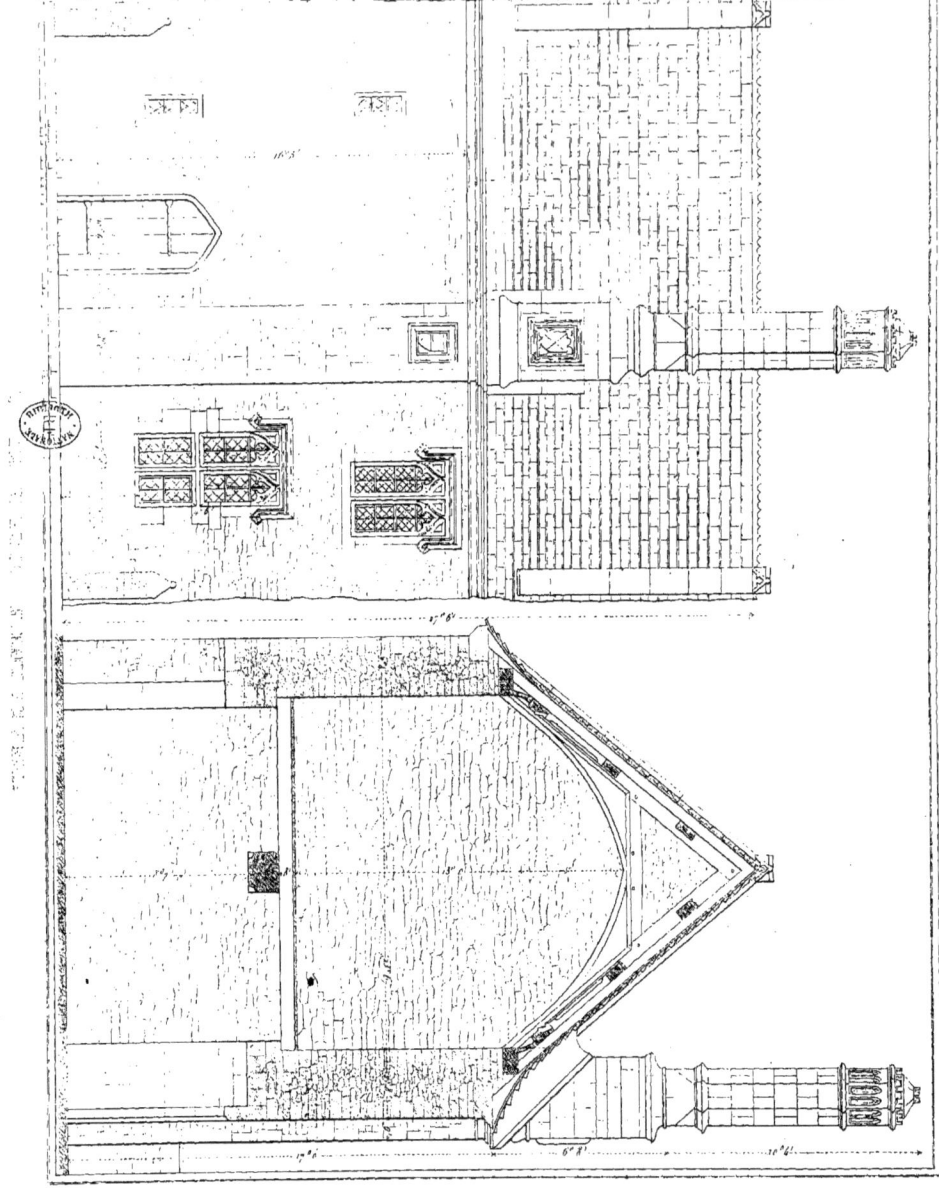

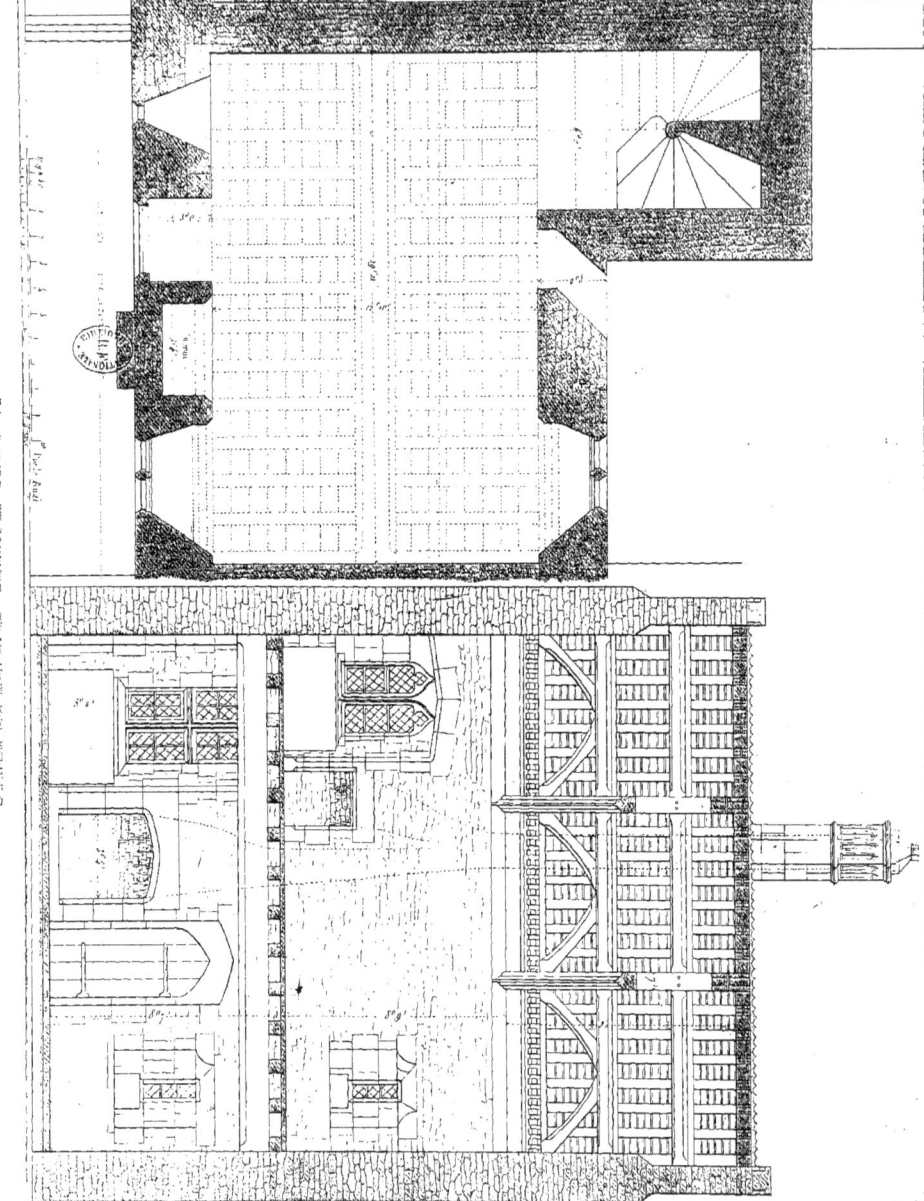

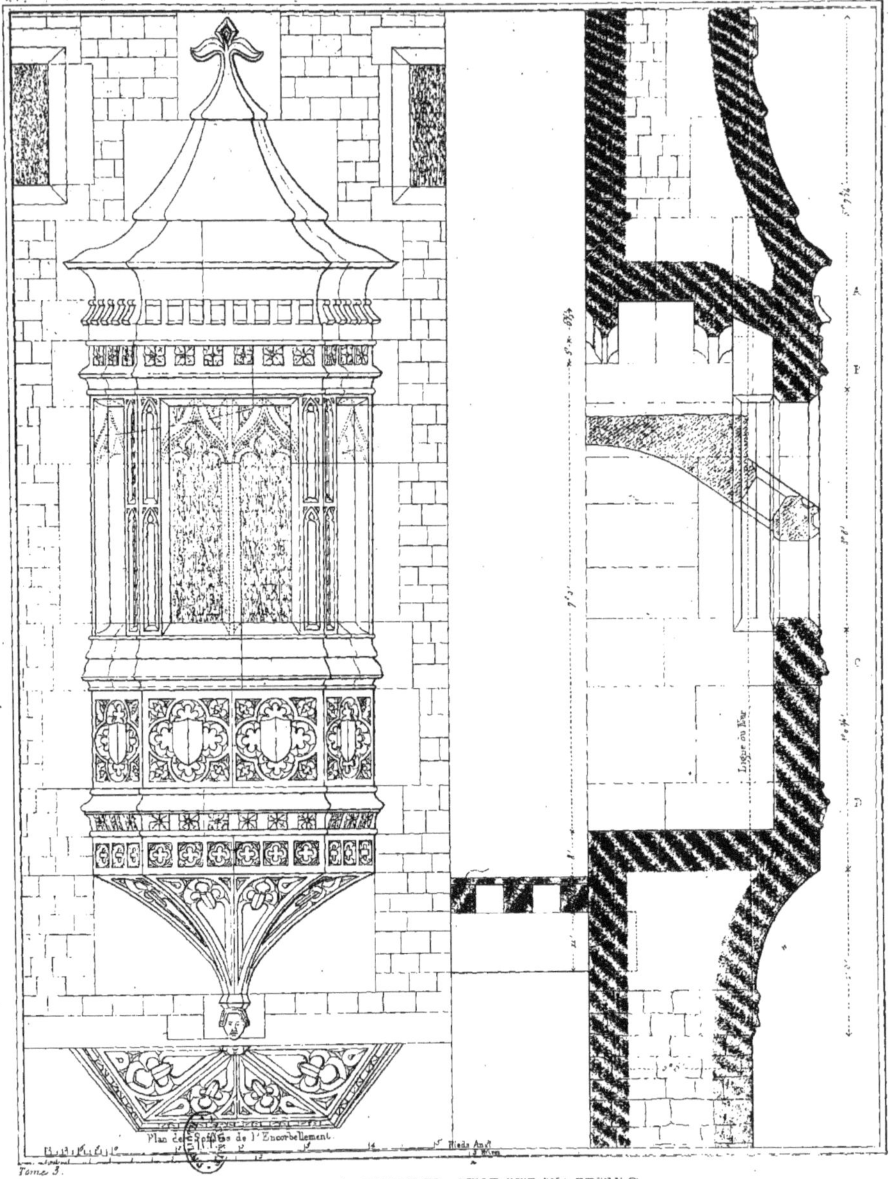

Tome 3.

CLOS DES VICAIRES CHORAUX DE WELLS.

Élévation et Coupe de la Fenêtre en Encorbellement dont l'Emplacement est indiqué au Plan général Pl. 1.

F. Noblet, Éditeur.

CLOS DES VICAIRES CHORAUX DE WELLS.

Plan et Détails de la Fenêtre en Encorbellement qui fait l'Objet de la Planche précédente. Façade de façon dans laquelle se trouve cette Fenêtre

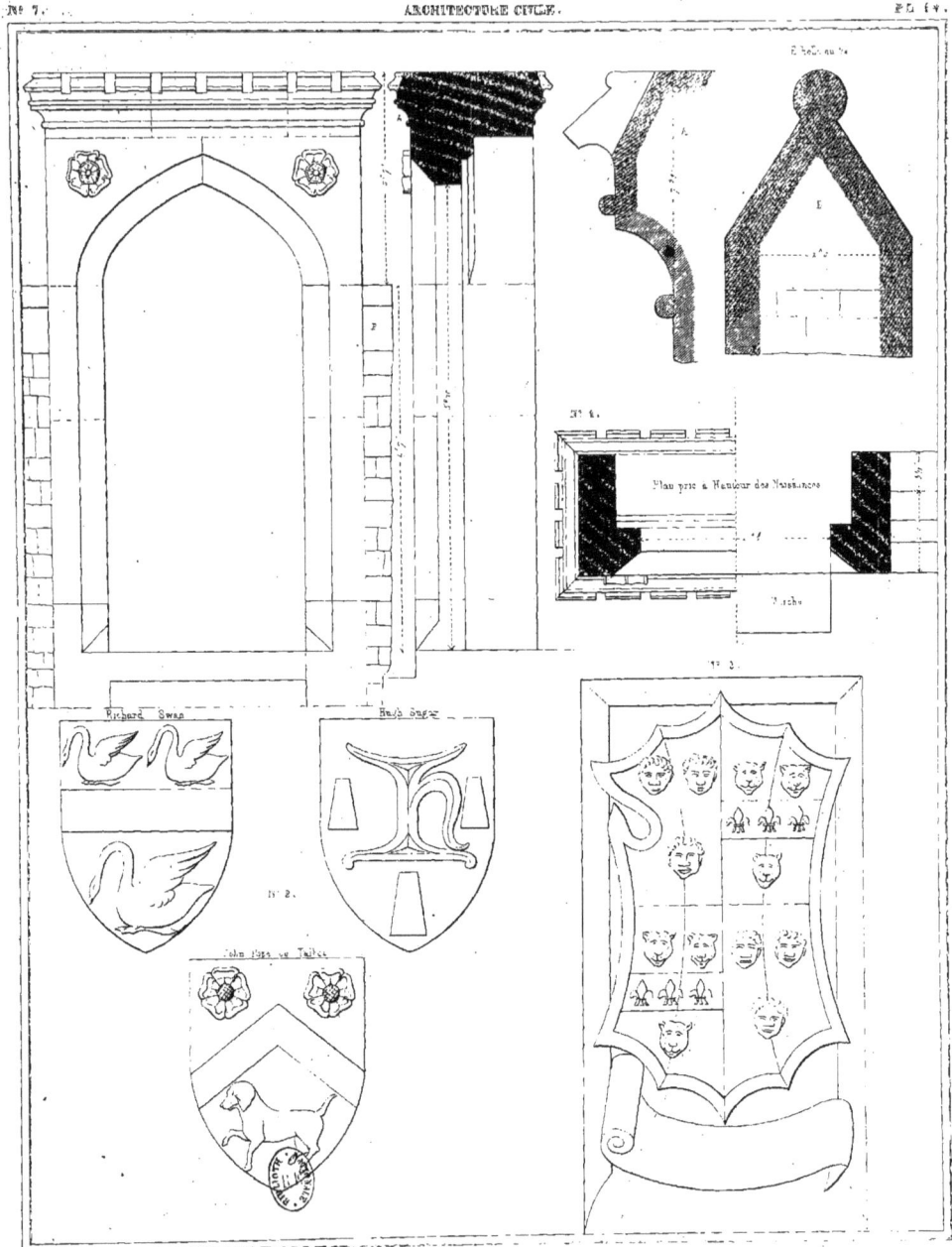

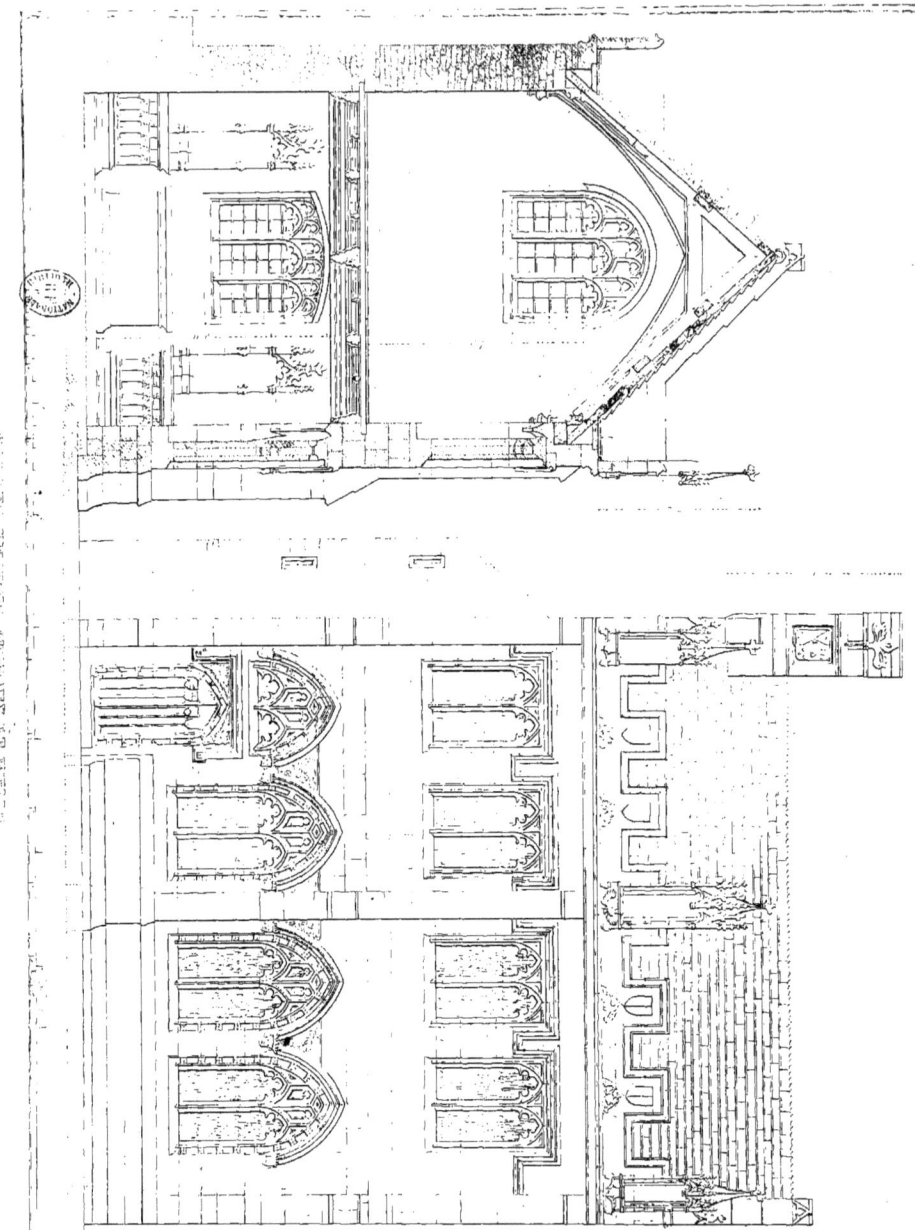

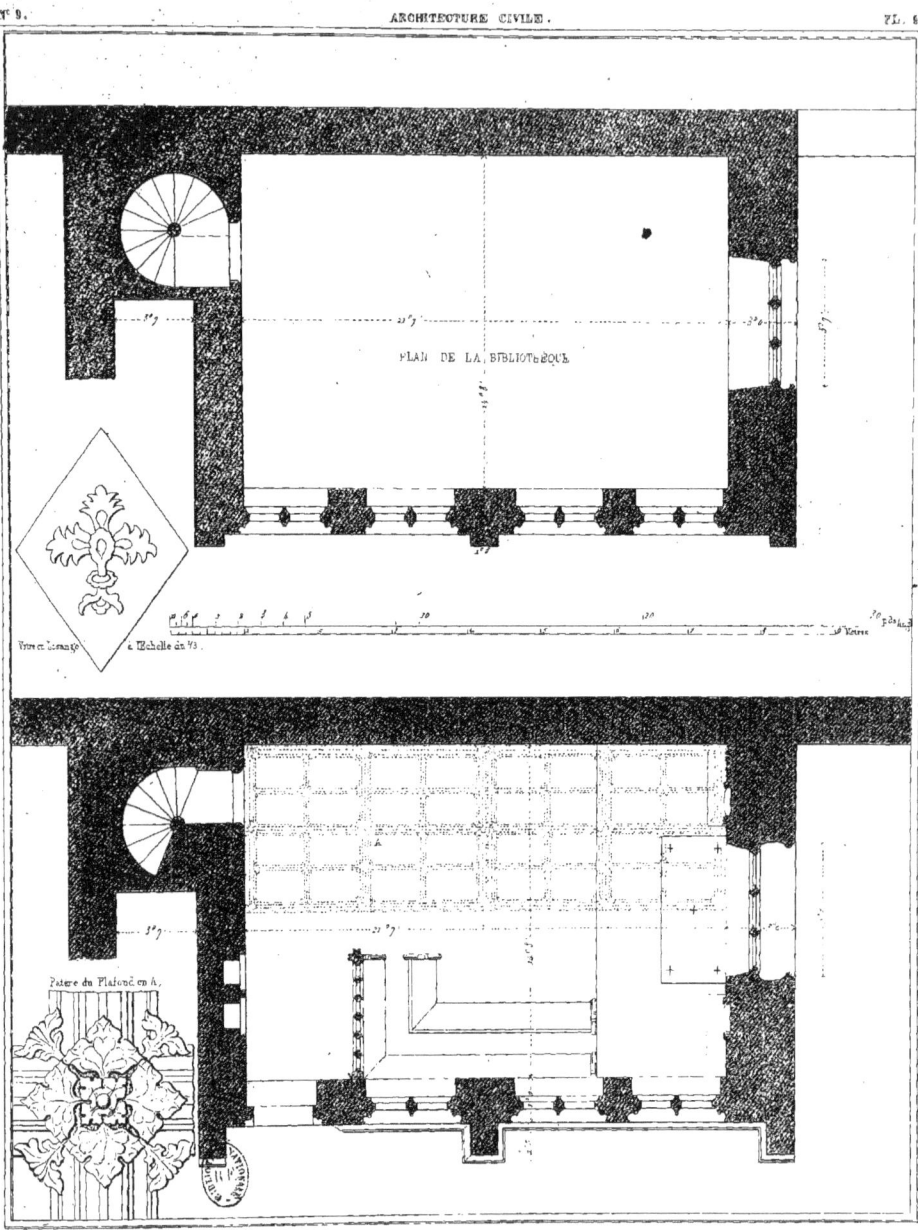

CLOS DES VICAIRES CHORAUX DE WELLS
Plan de la Chapelle et de la Bibliothèque.

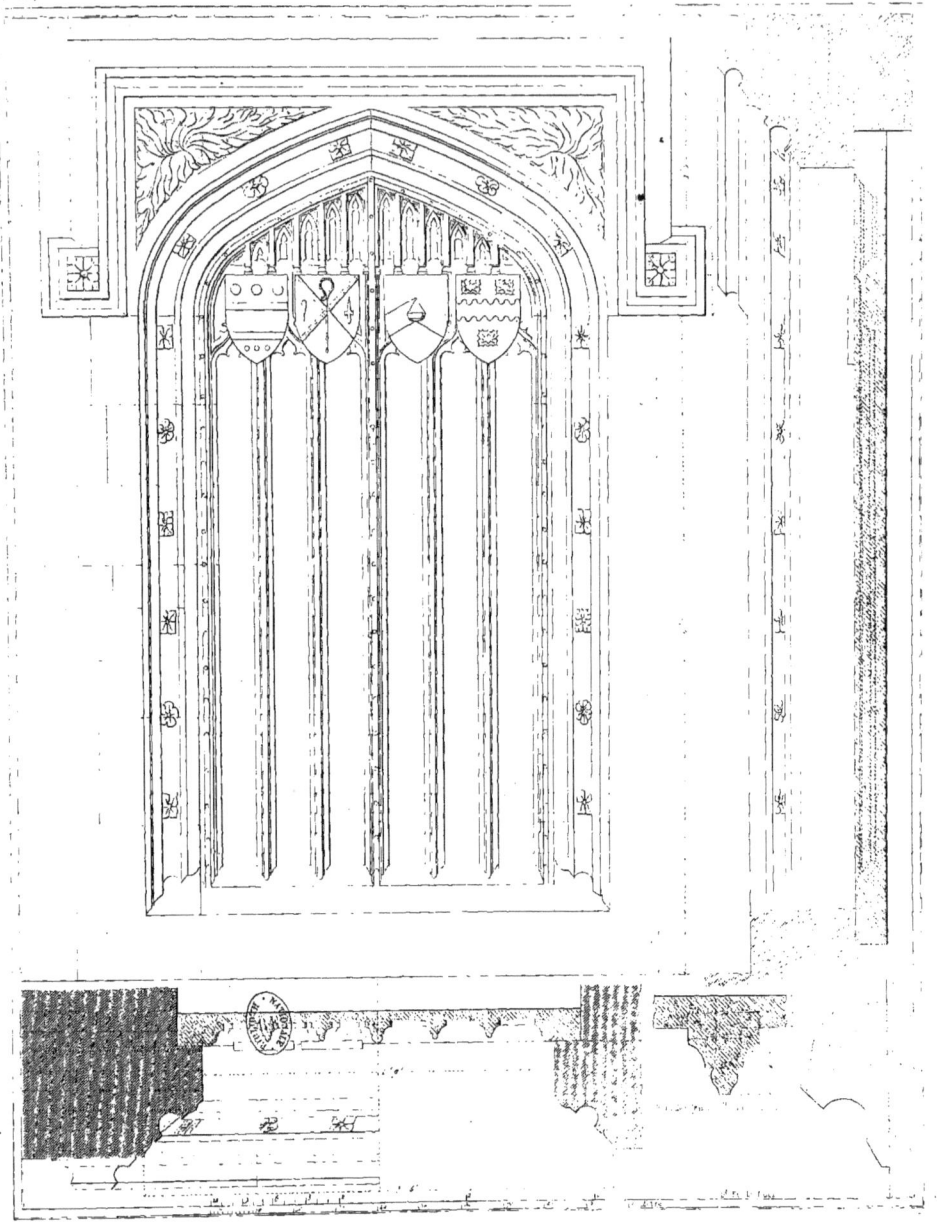

CLOS DES VICAIRES CHORAUX DE WELLS.

Élévation Coupe et Détails d'une Travée de la Façade

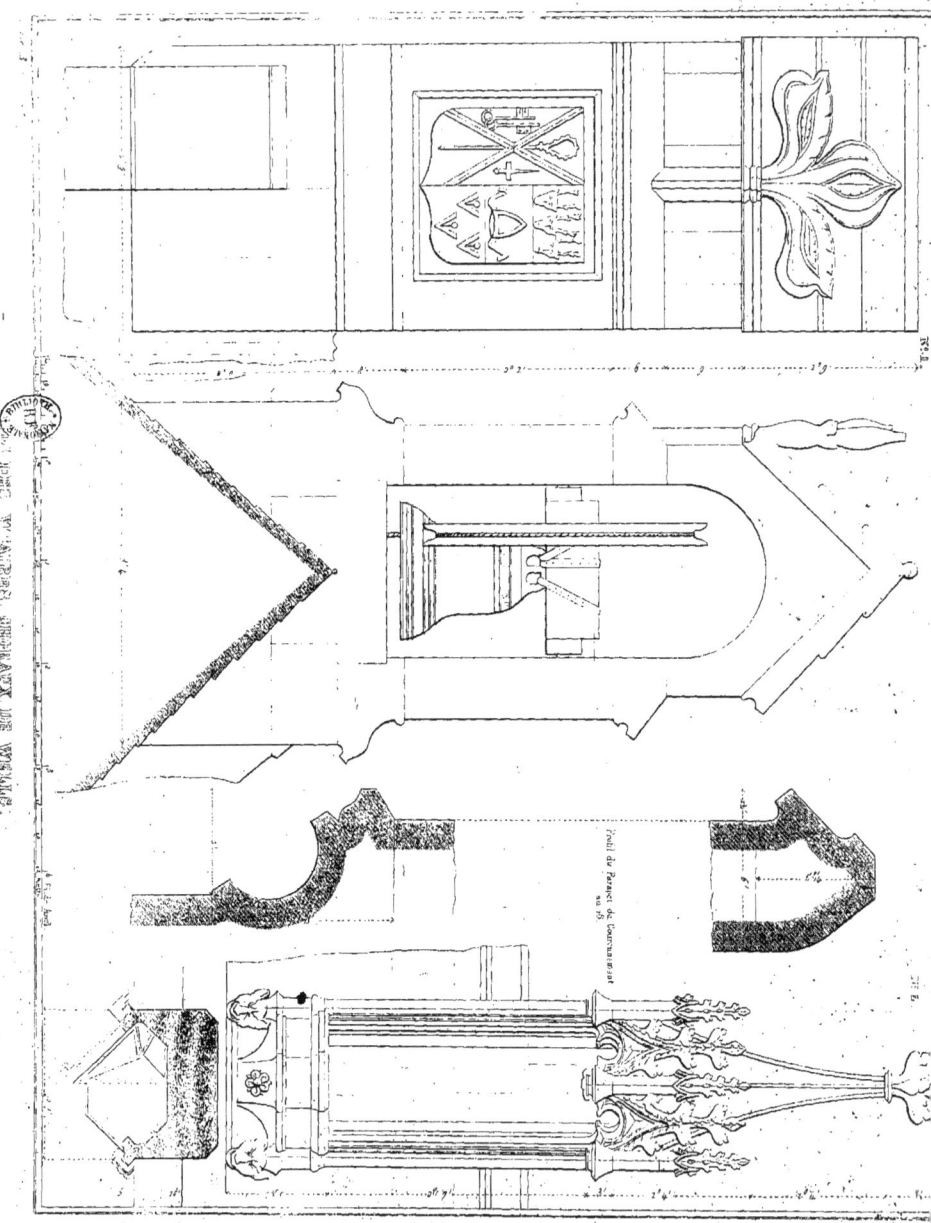

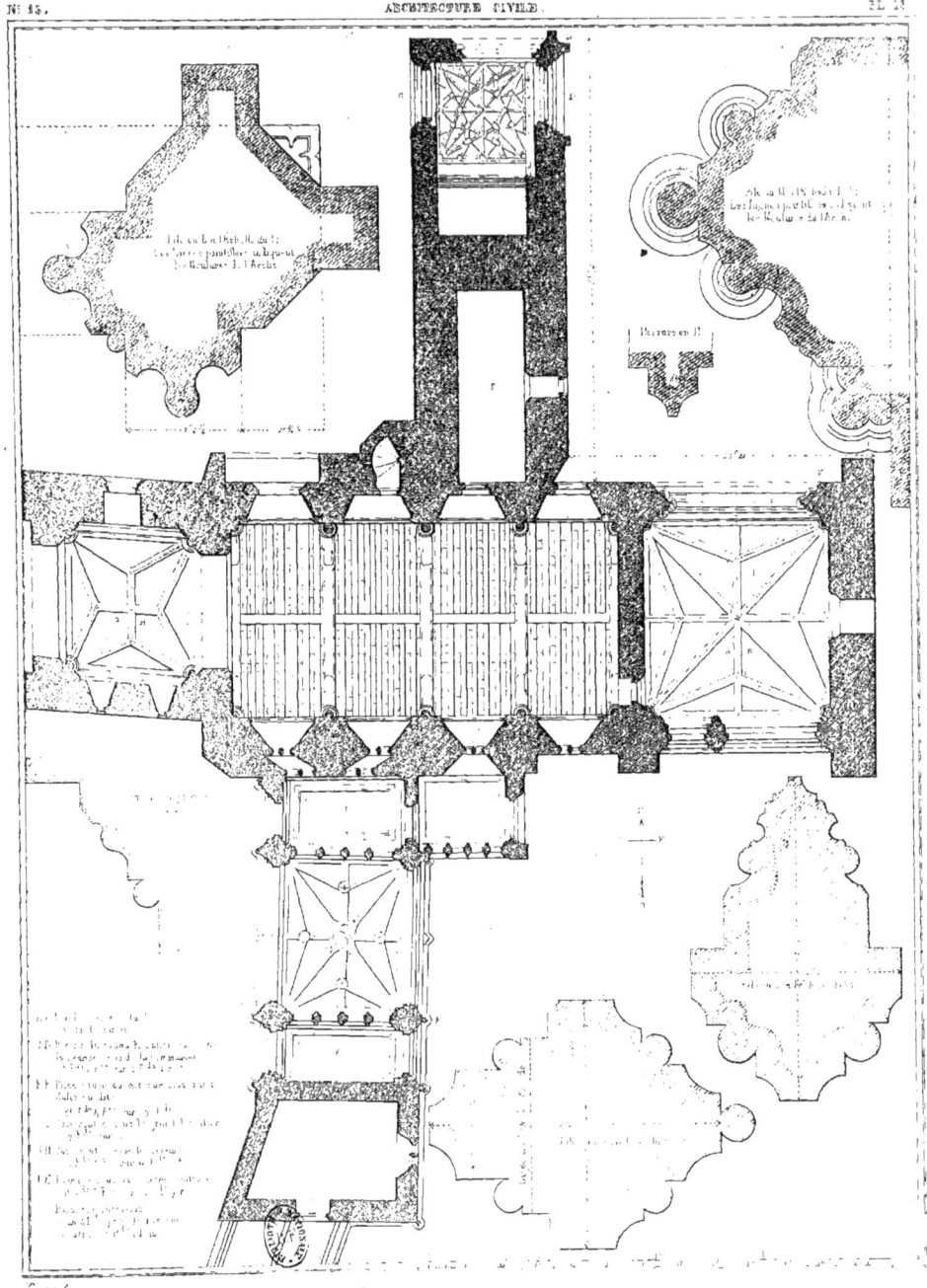

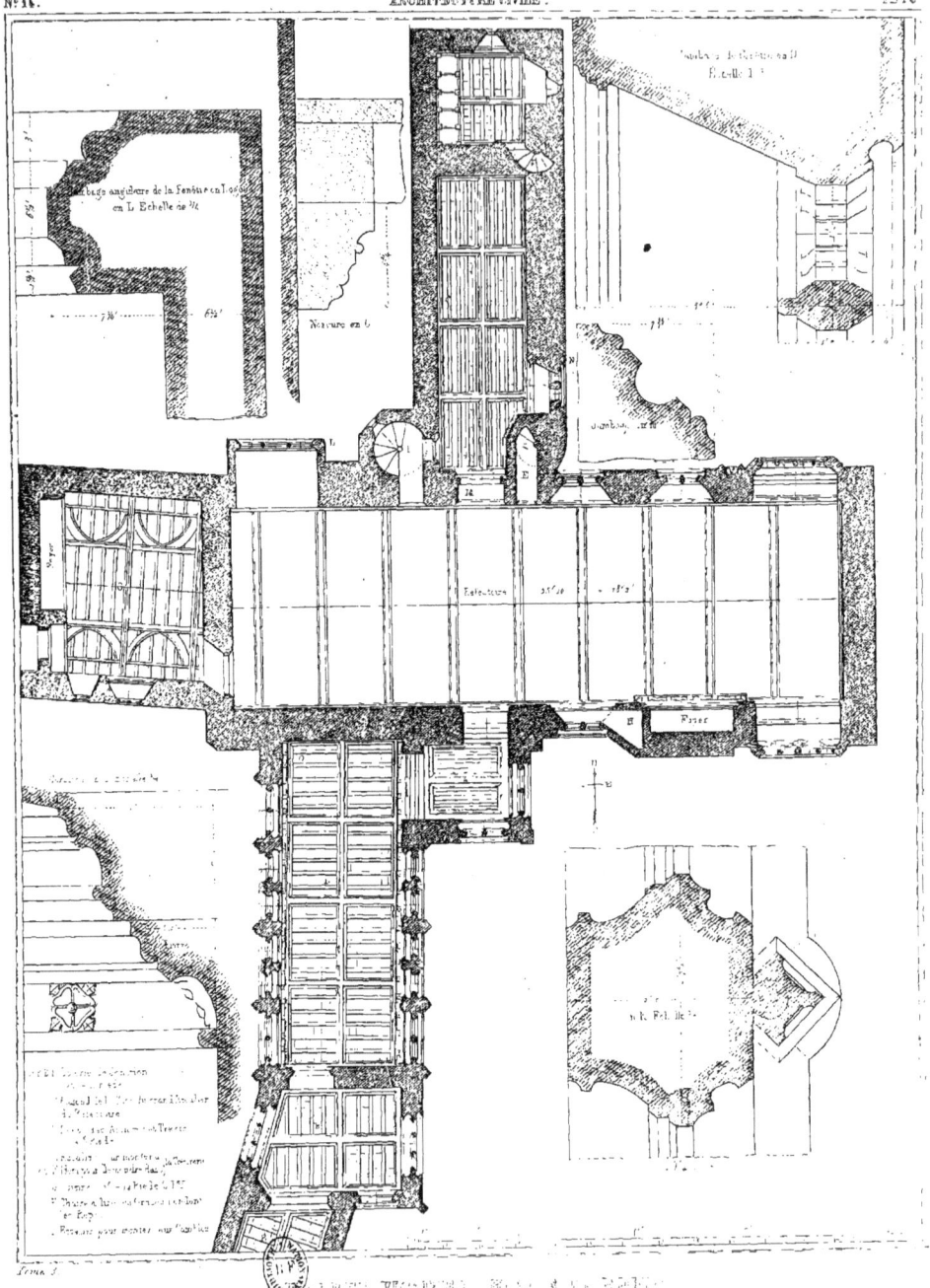

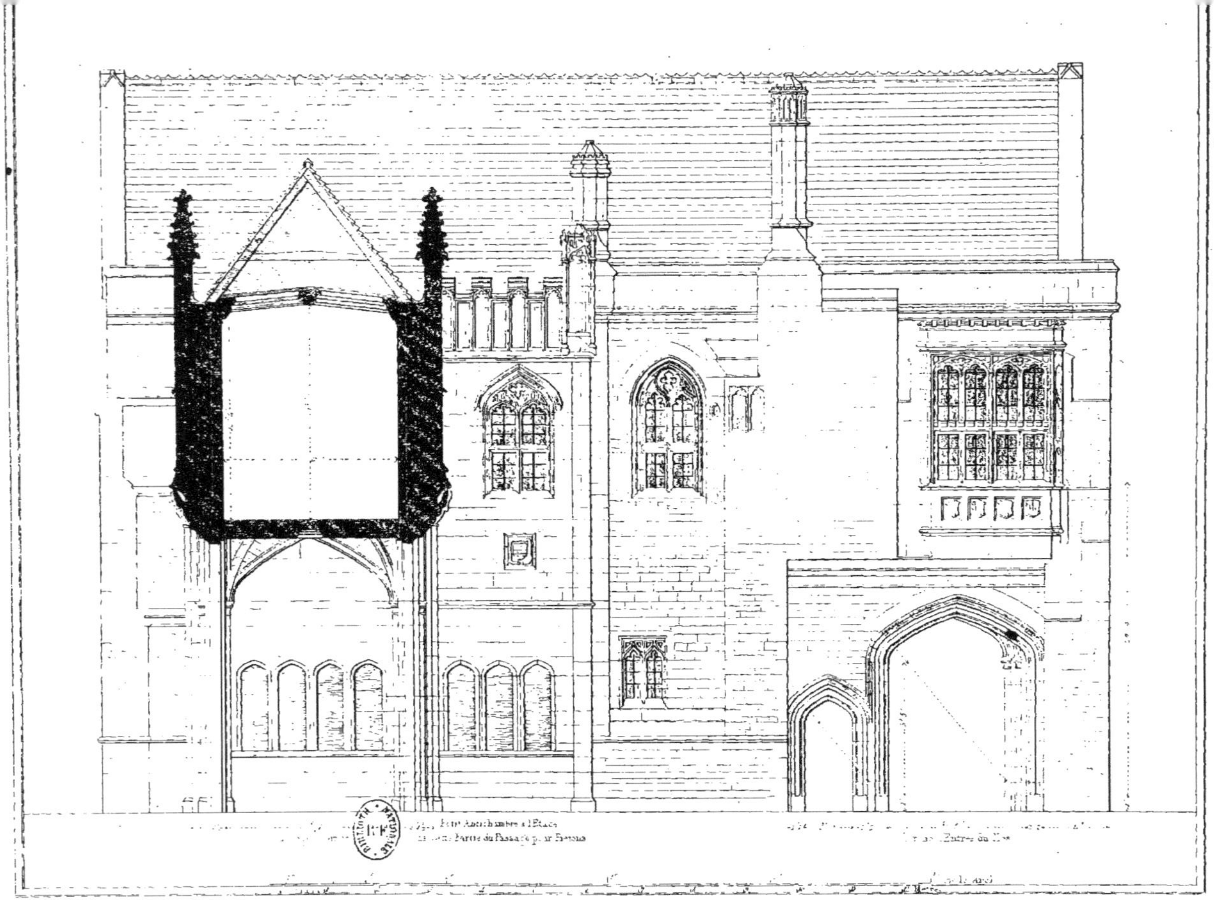

... DE WELLS.

... compris ... en Passage couvert

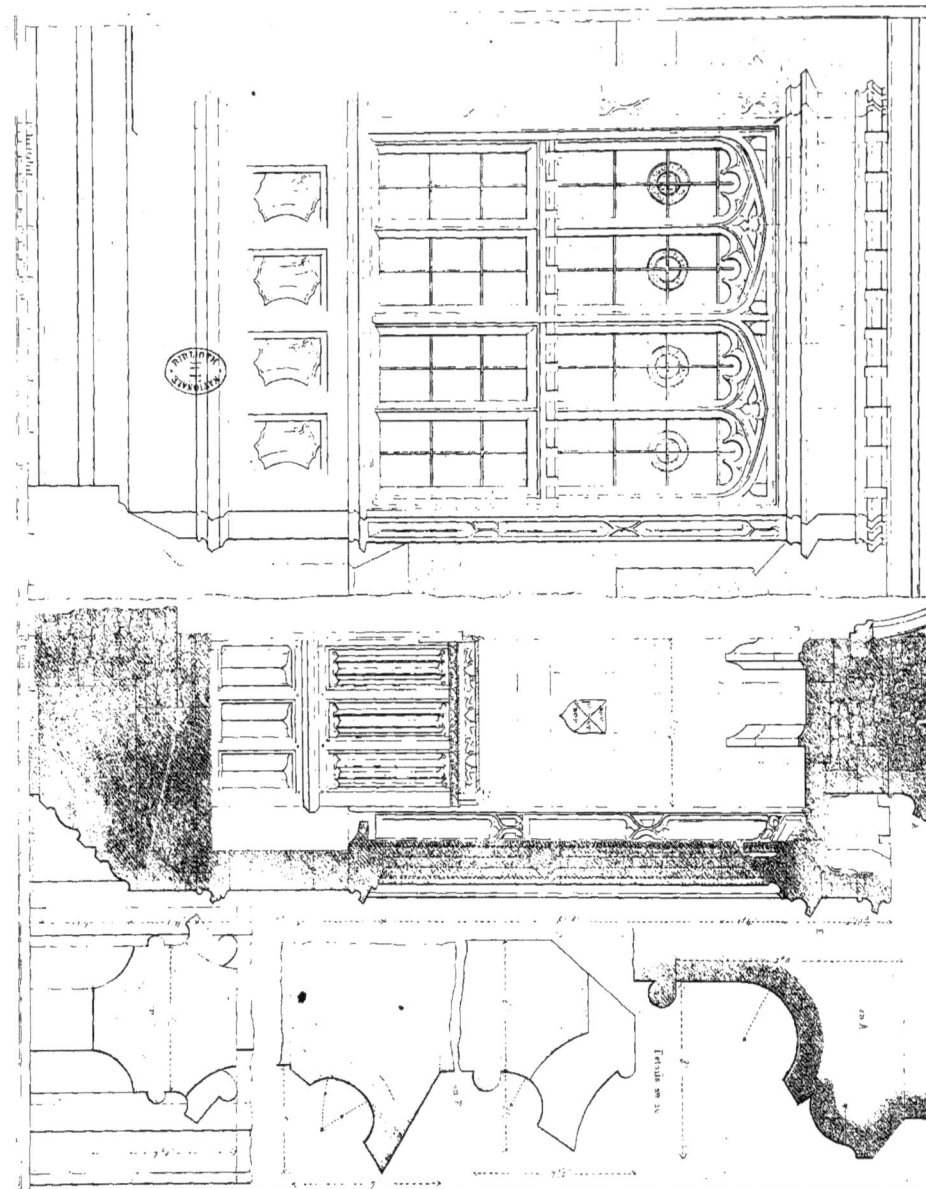

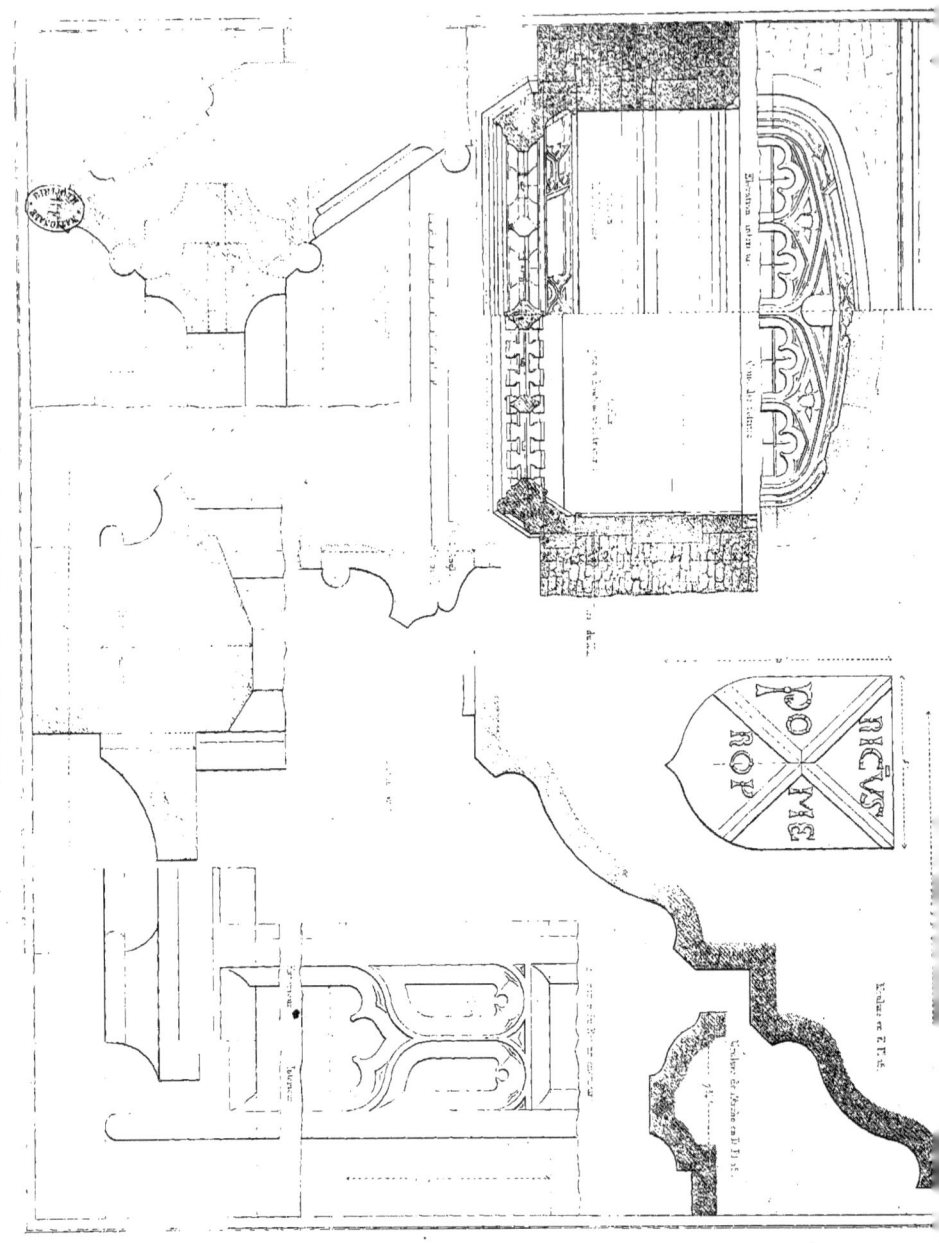

CLOS DES VICA

CHORAUX DE WELLS.

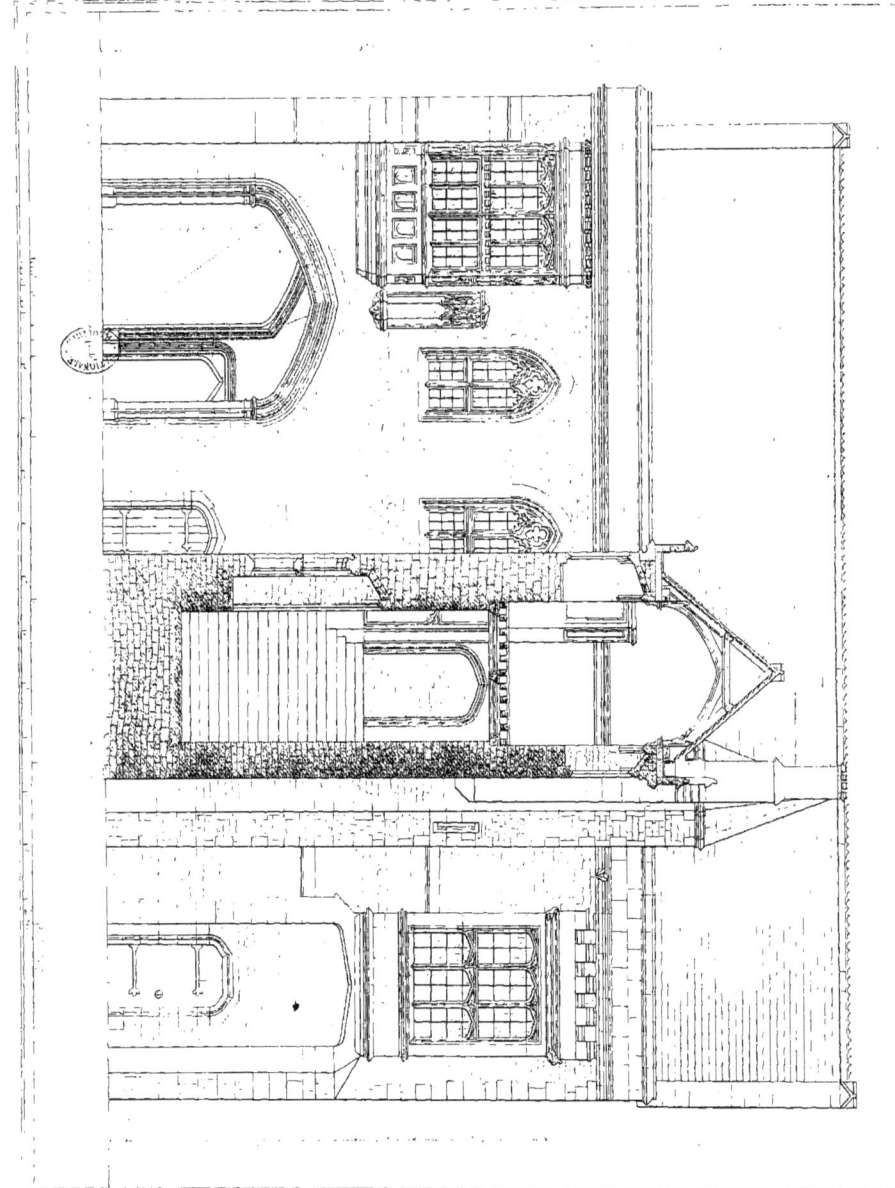

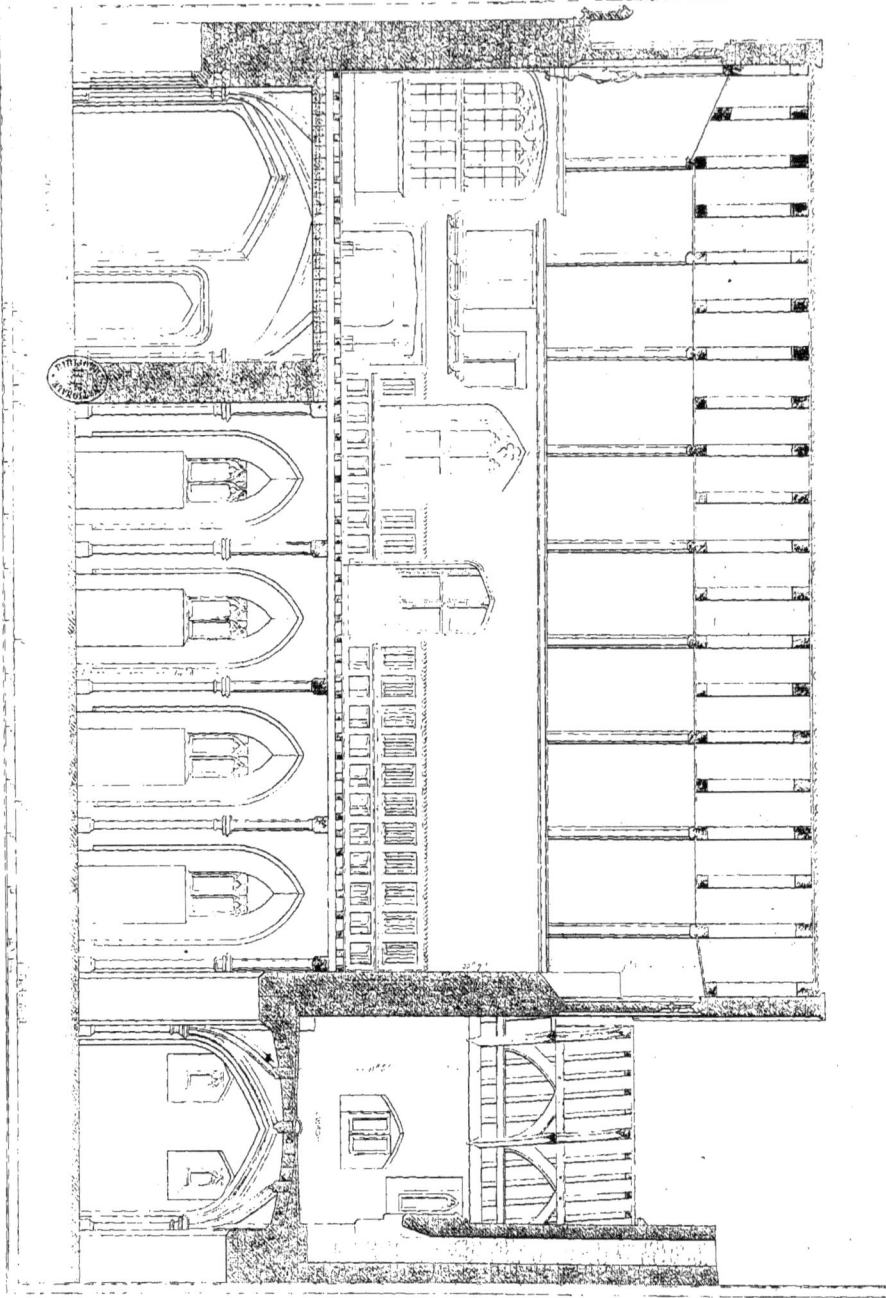

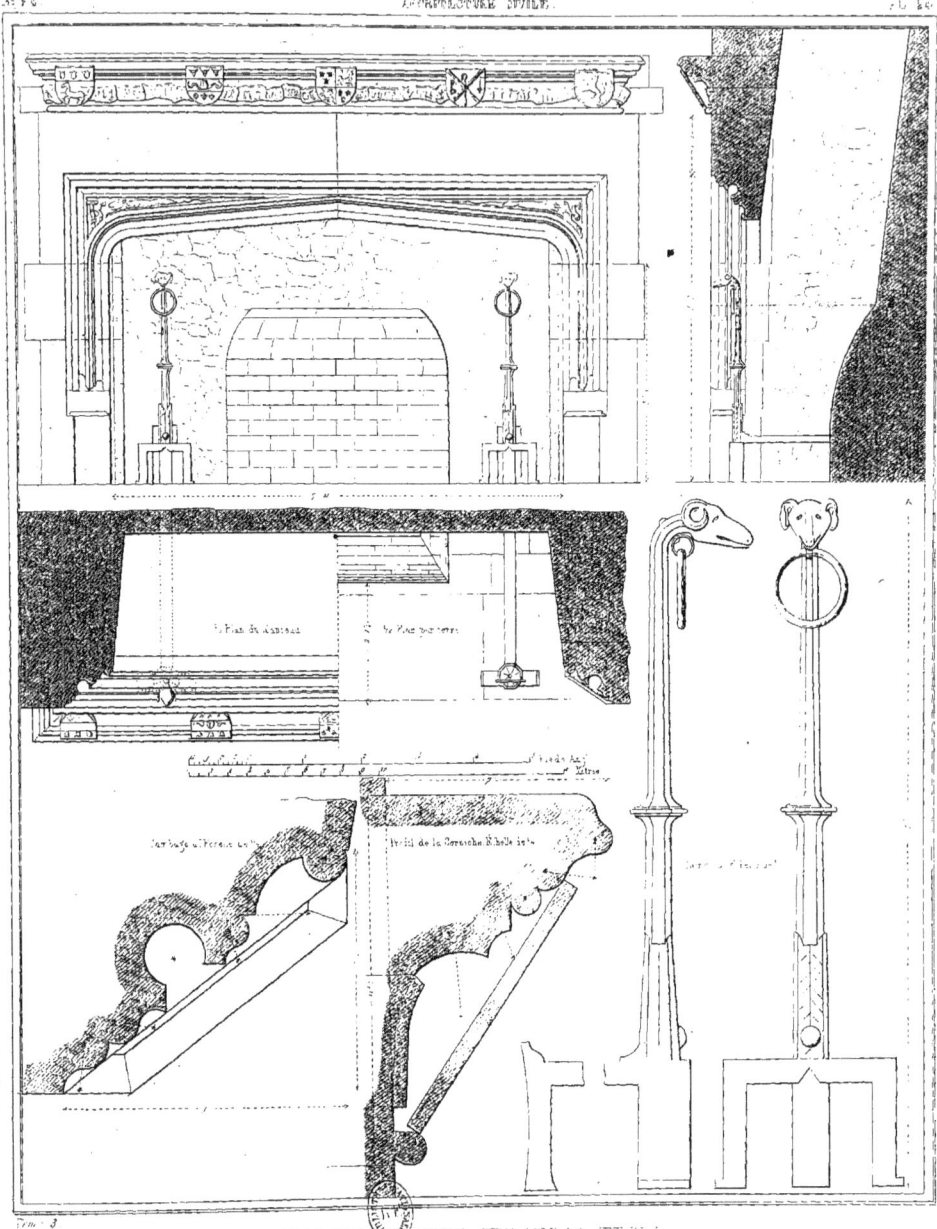

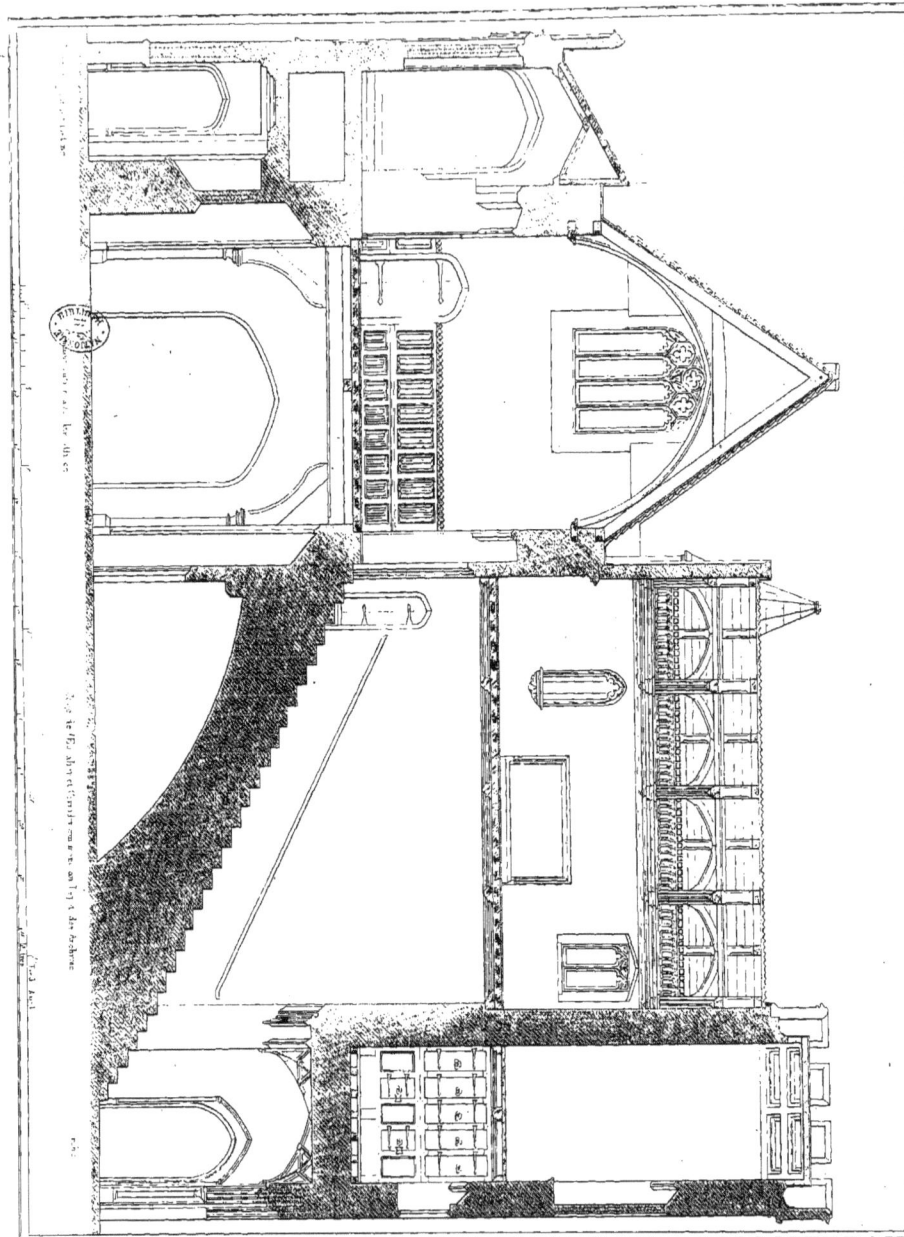

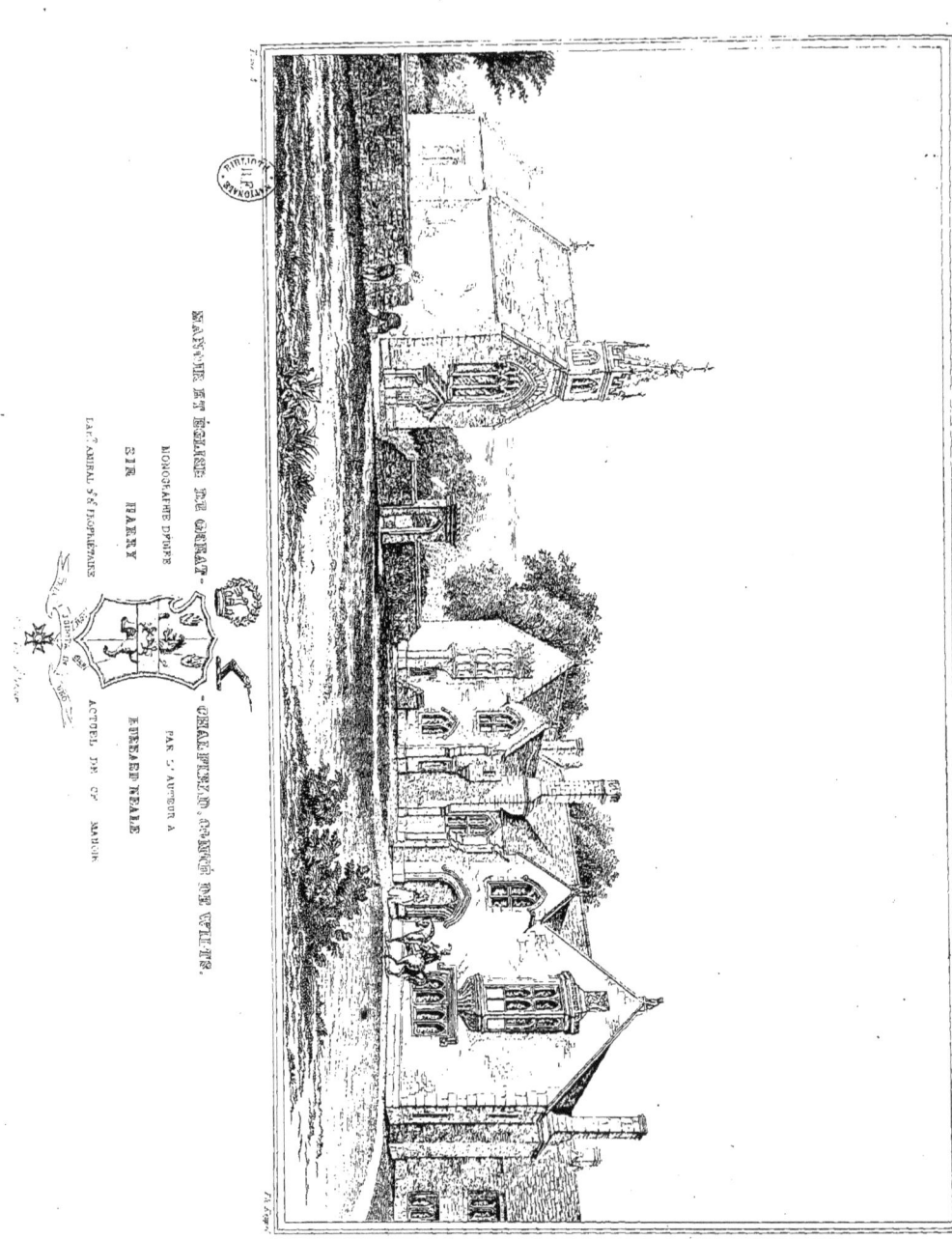

MANOIR ET ÉGLISE DE GERAT — CHALFIELD, COMTÉ DE WILTS.

MONOGRAPHIE D'APRÈS
PAR L'AUTEUR A
SIR HARRY
EDWARD NEALE
LE C. AMIRAL S.S. PROPRIÉTAIRE
ACTUEL DU C.TÉ MANOR

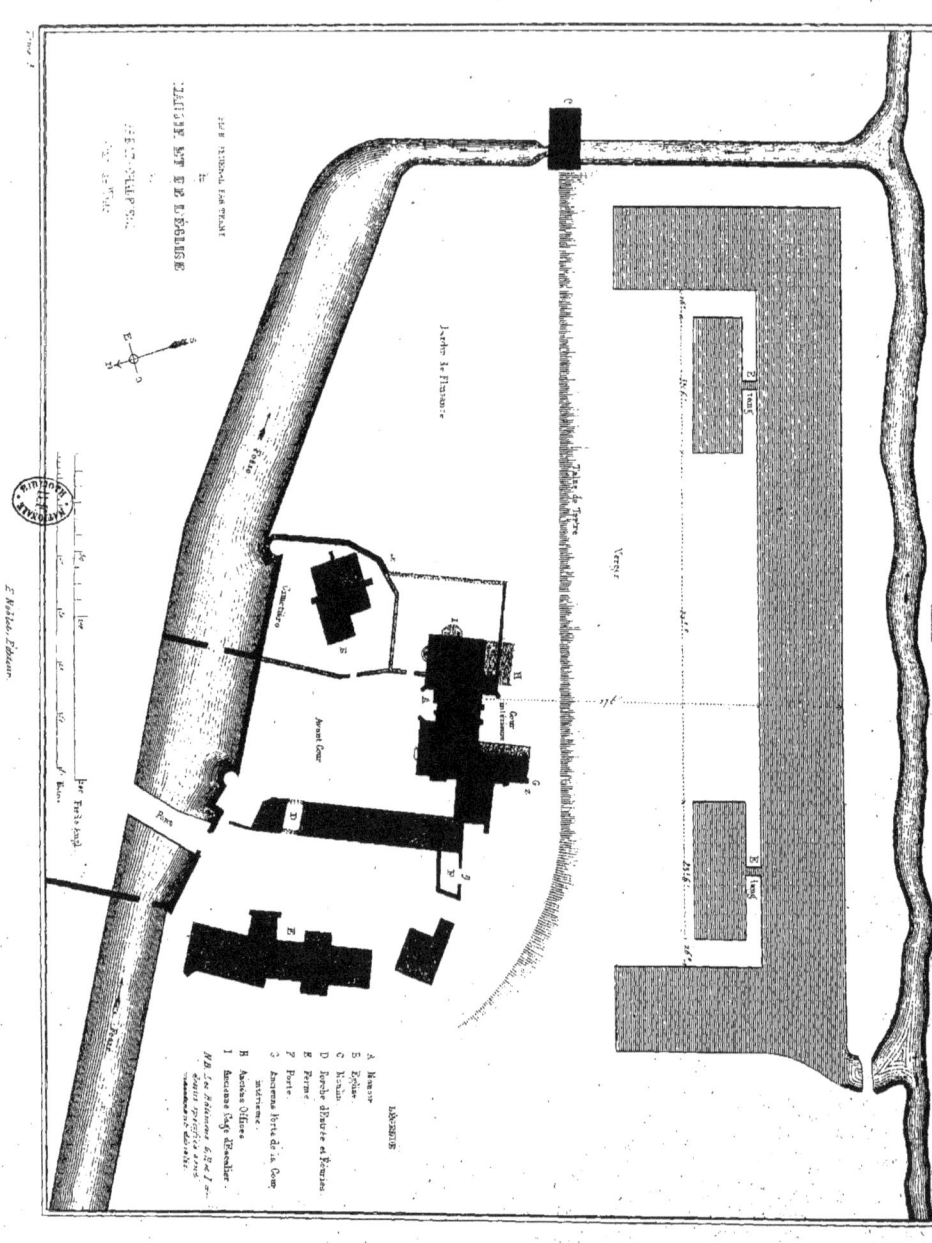

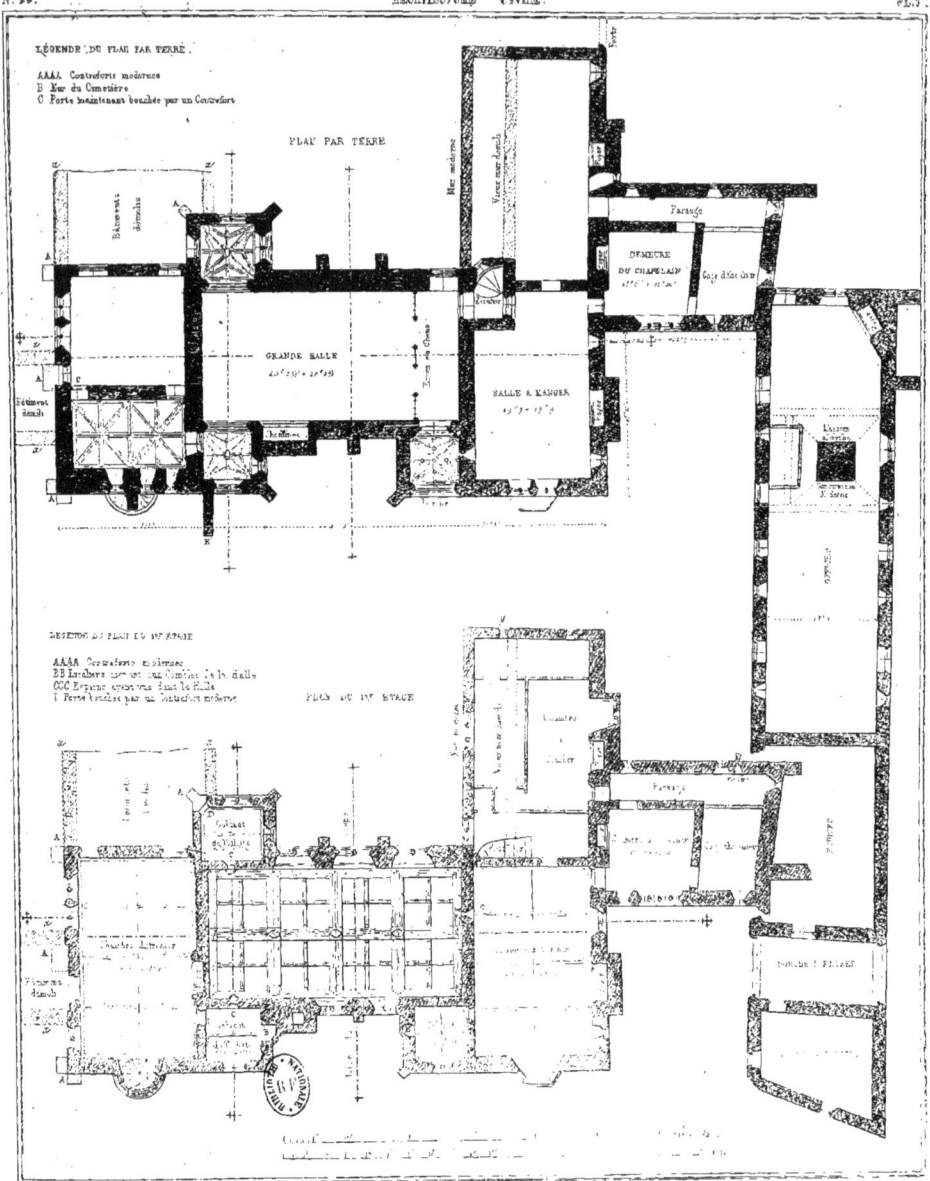

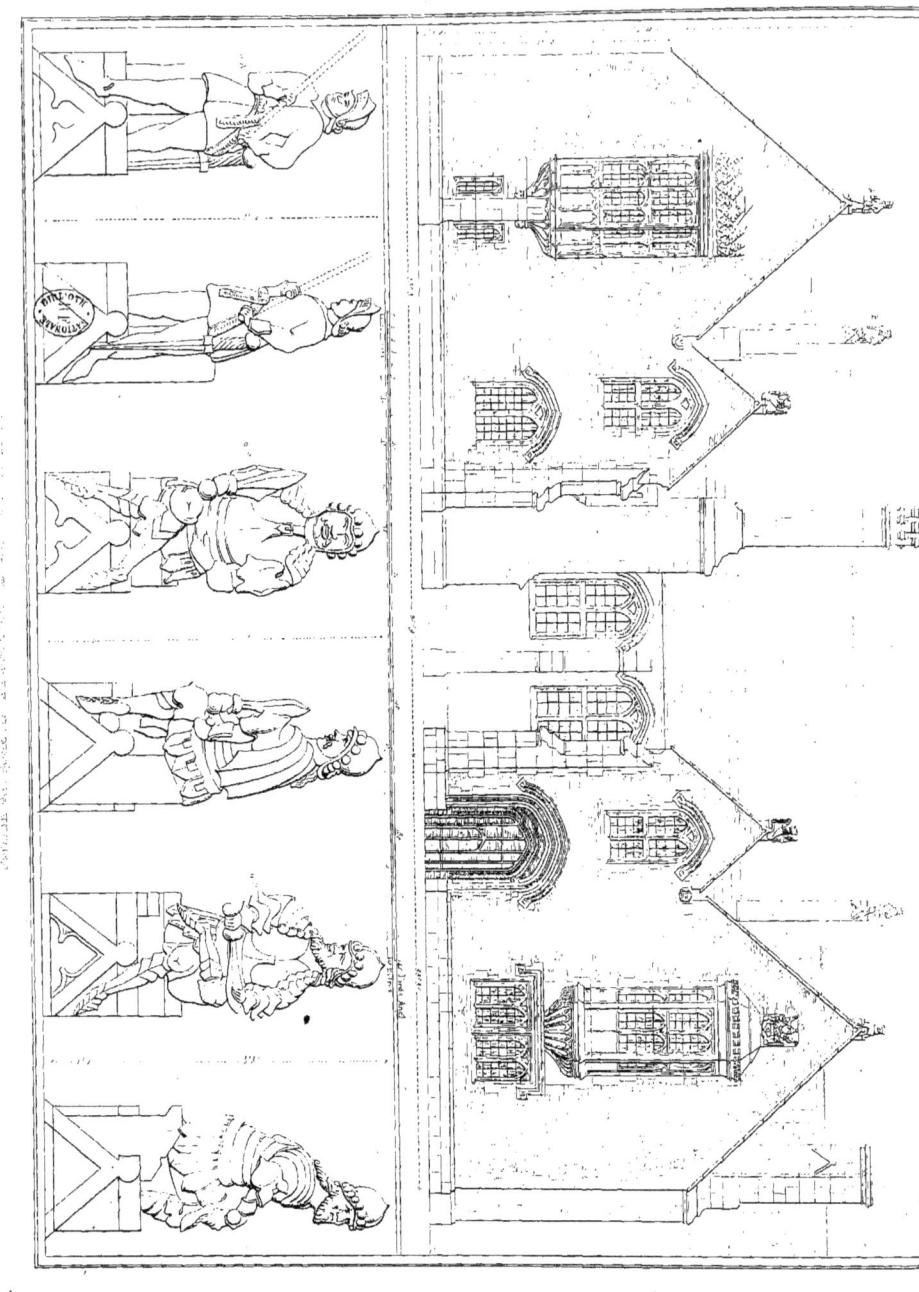

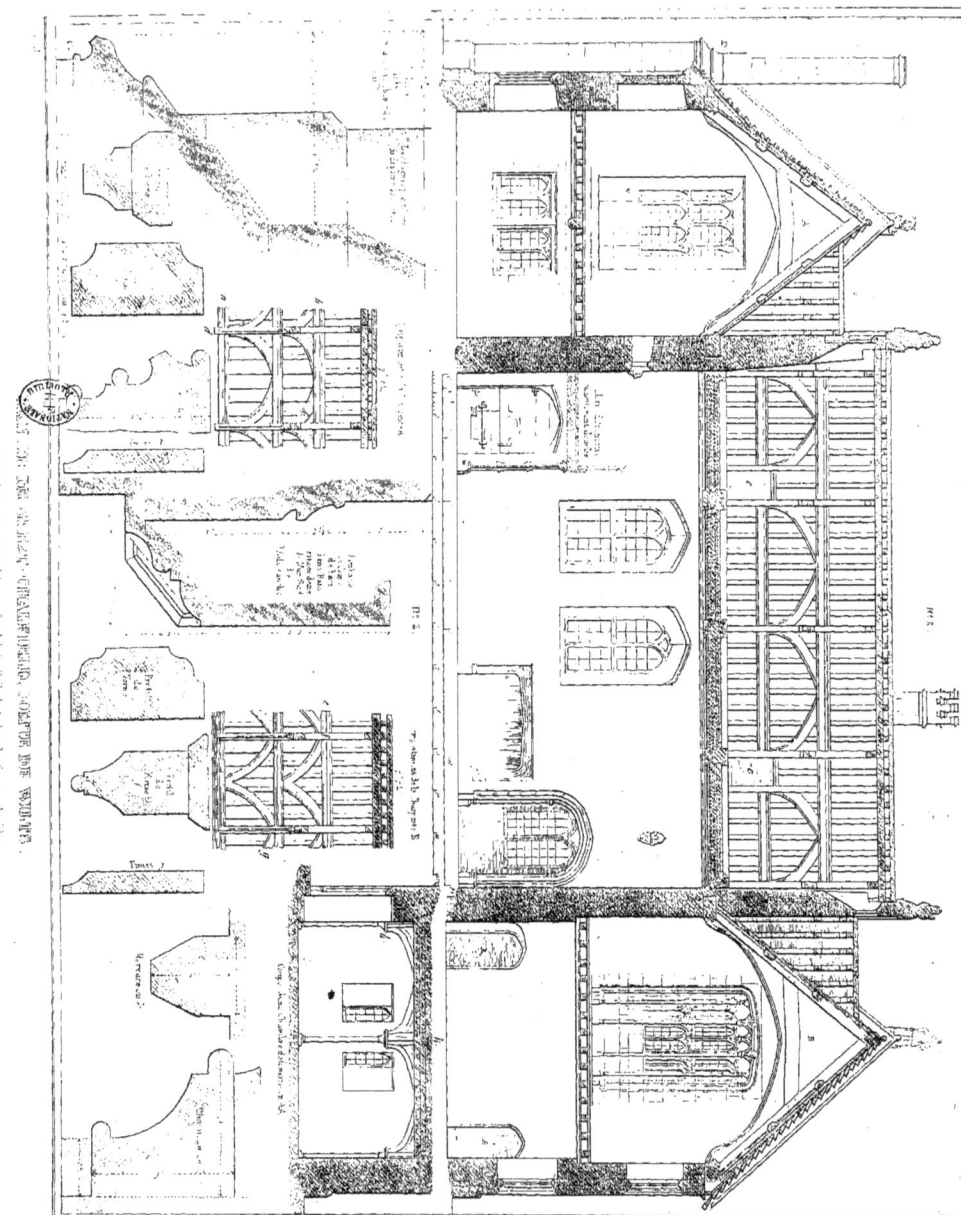

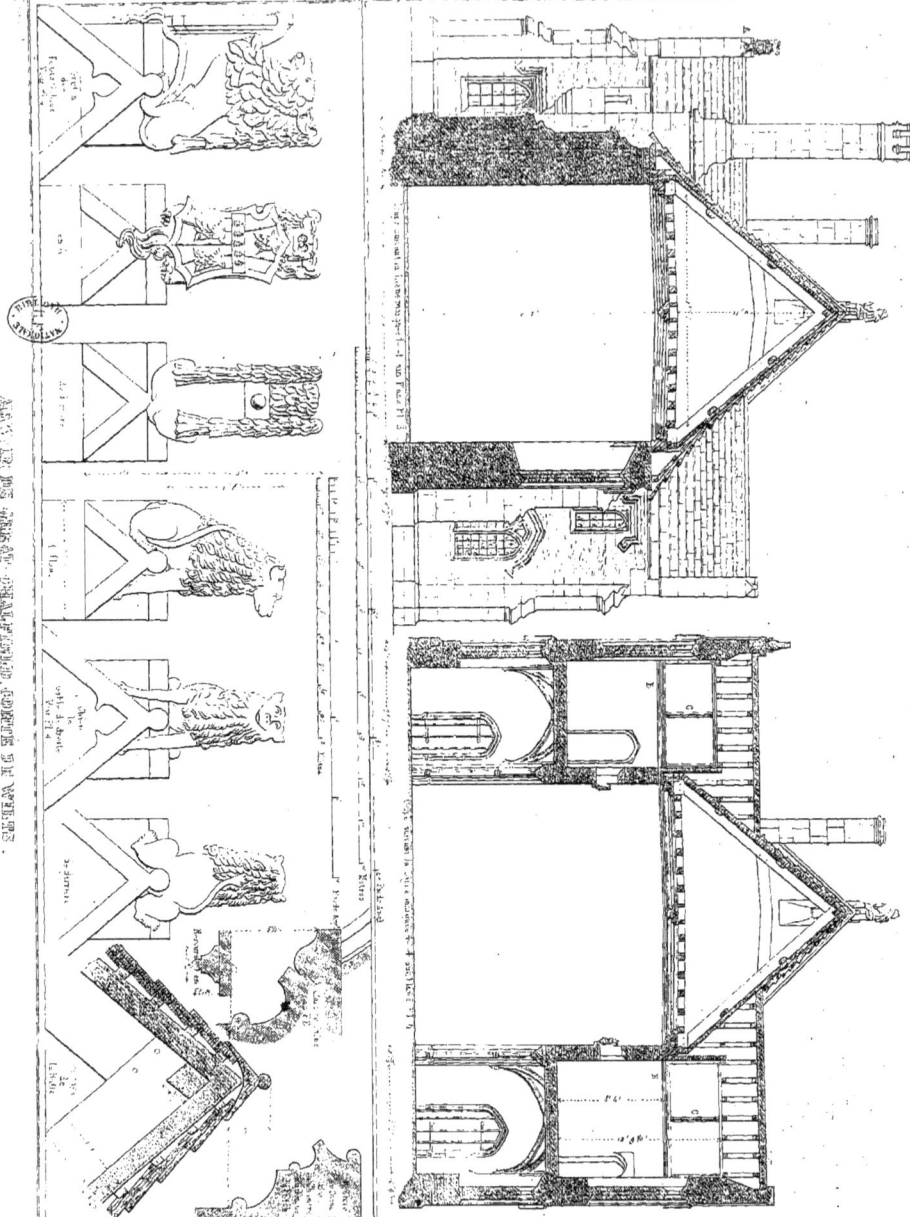

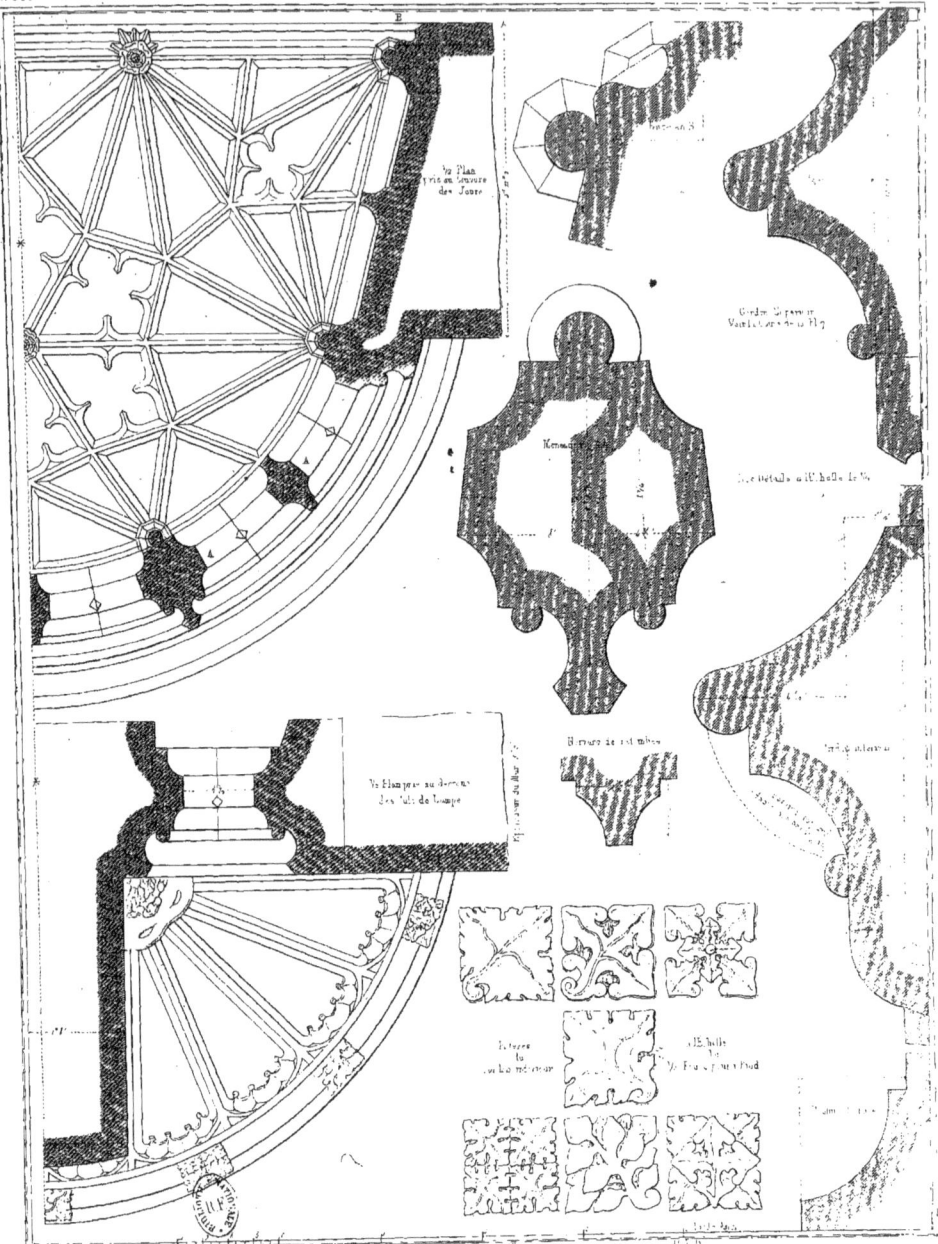

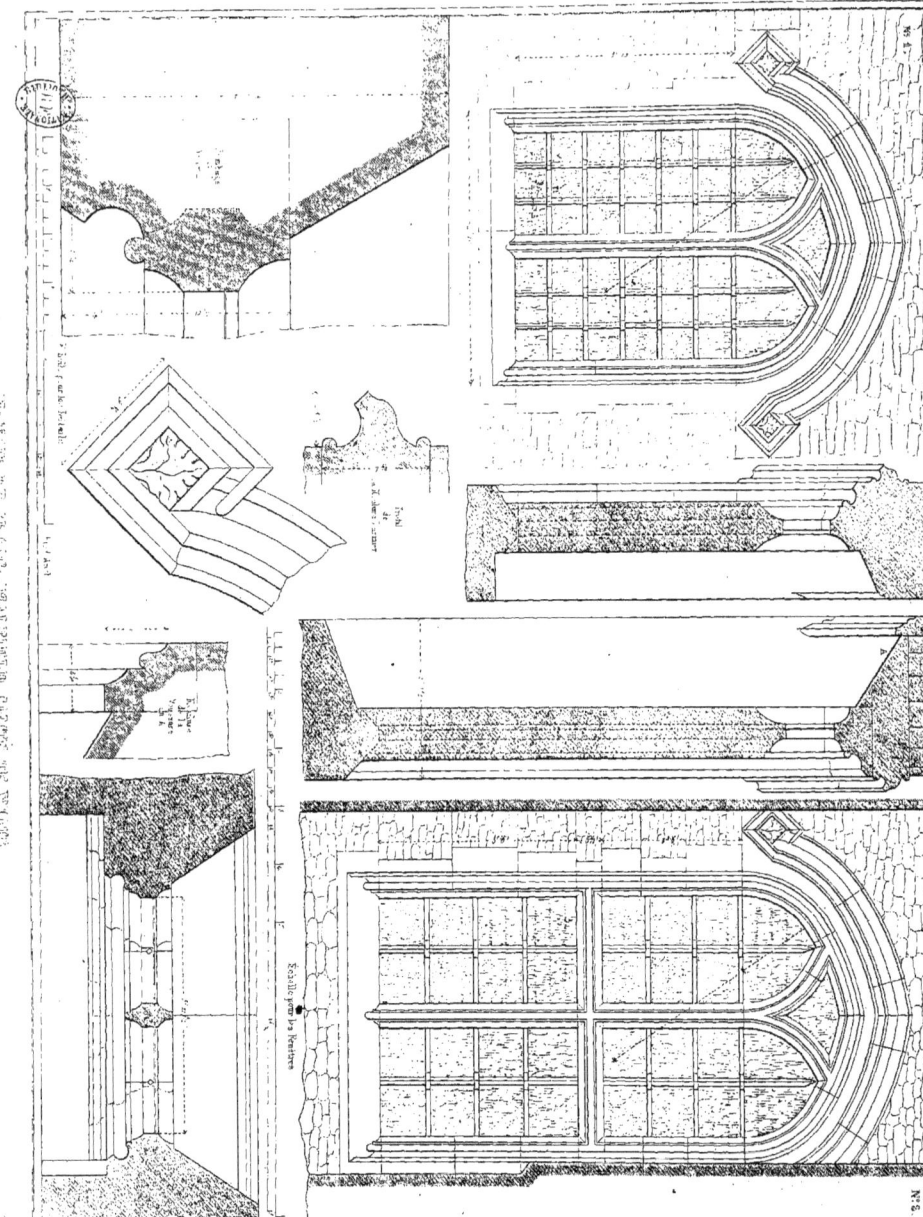

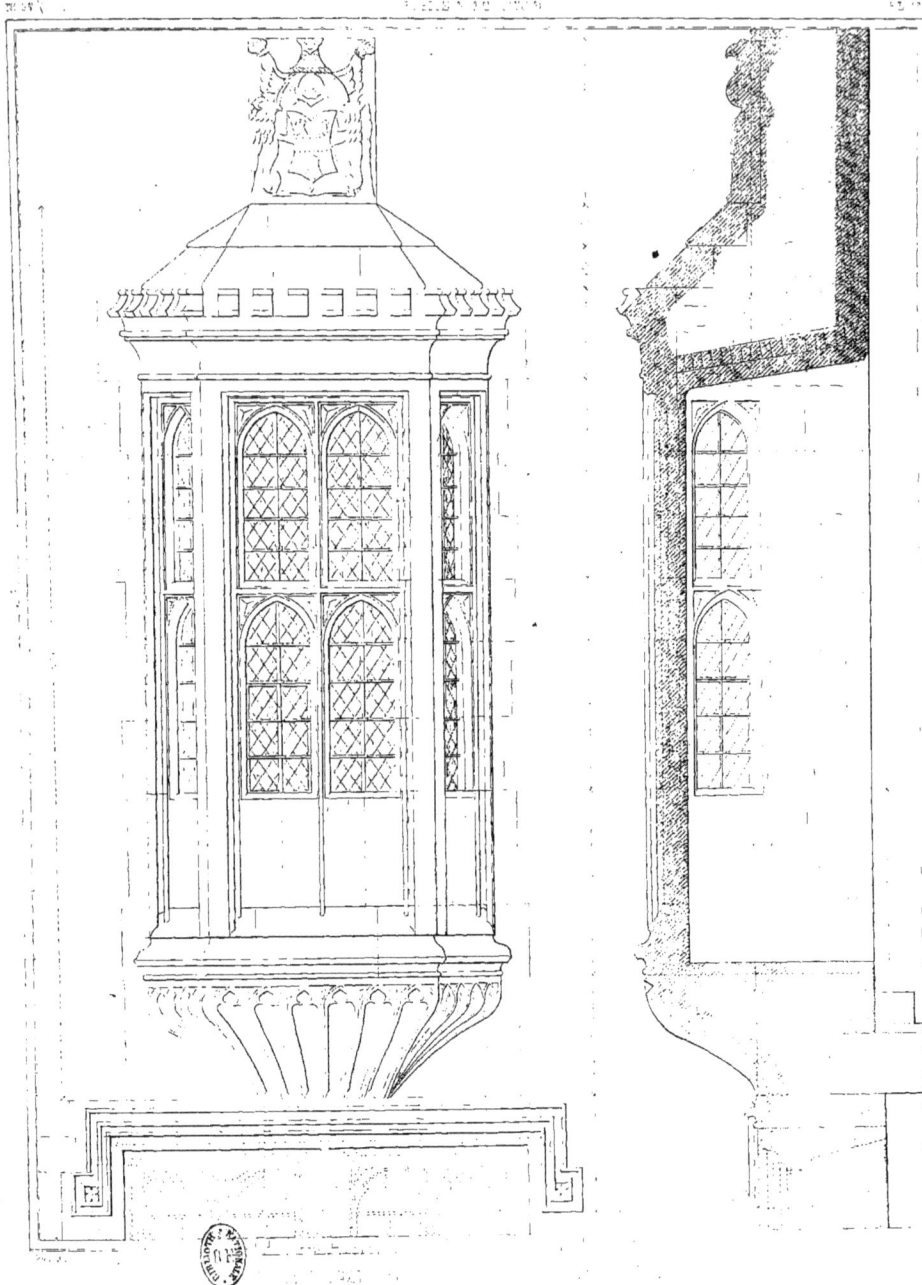

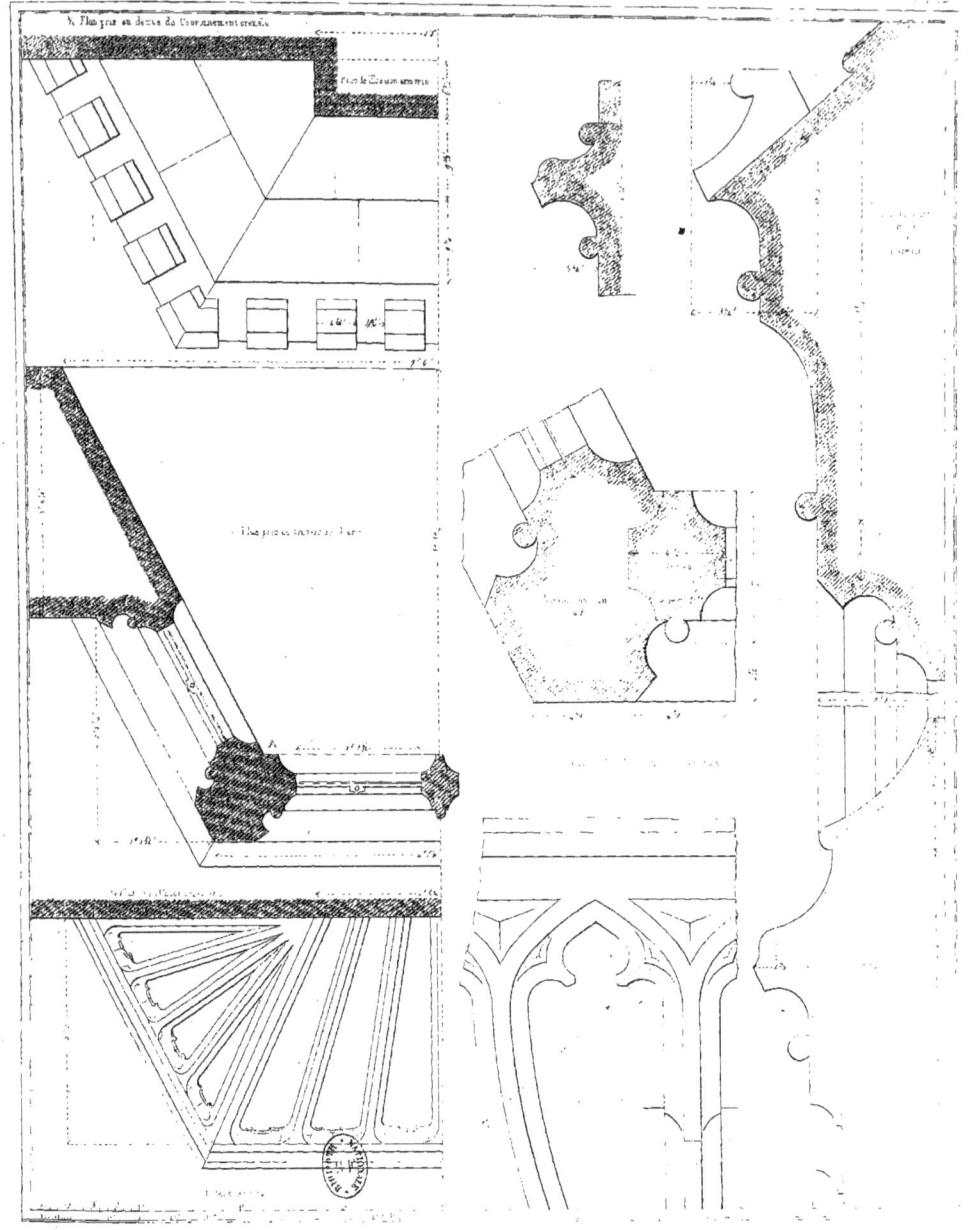

ARCHITECTURE CIVILE.

MANOIR DE GRAND CHESNAY – ENTRÉE DU XV° S.

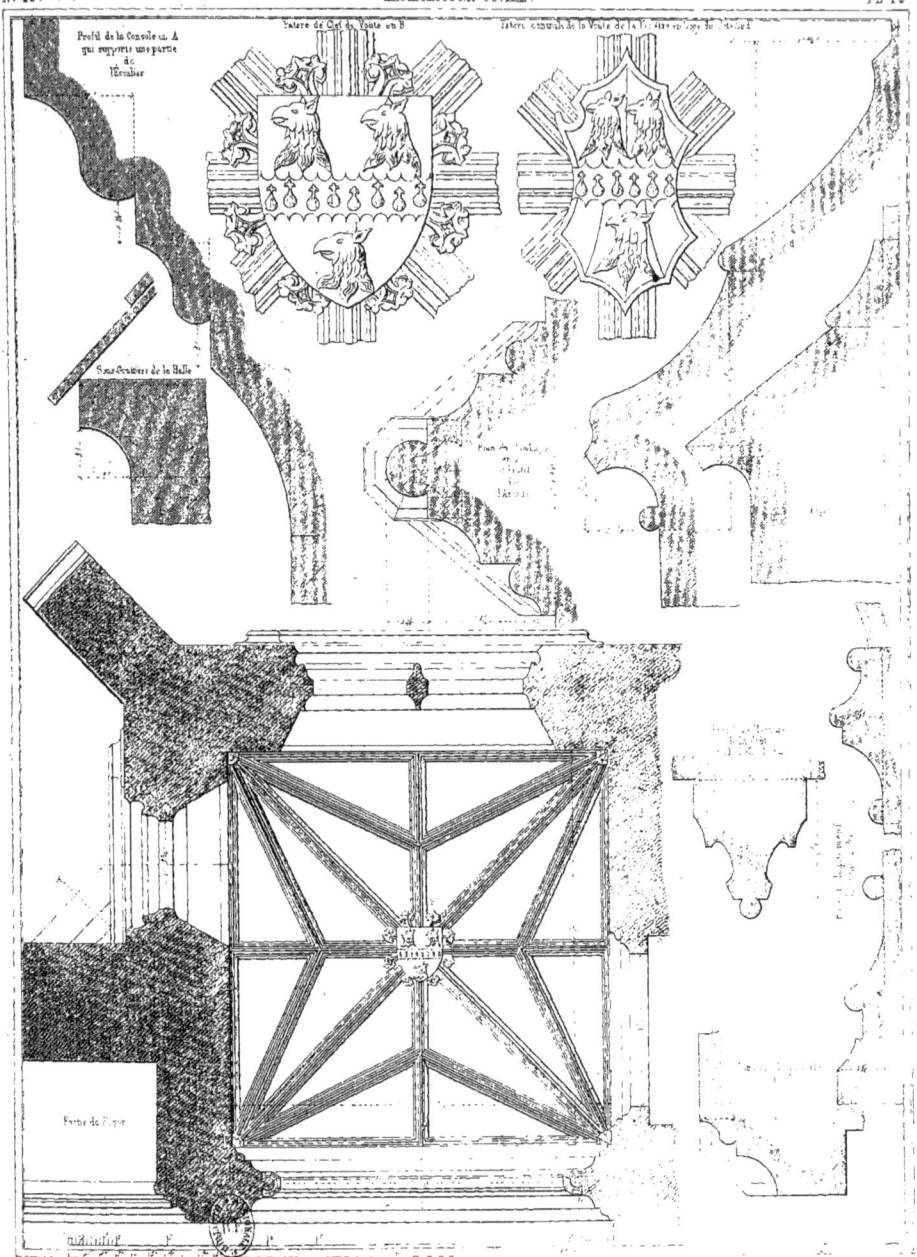

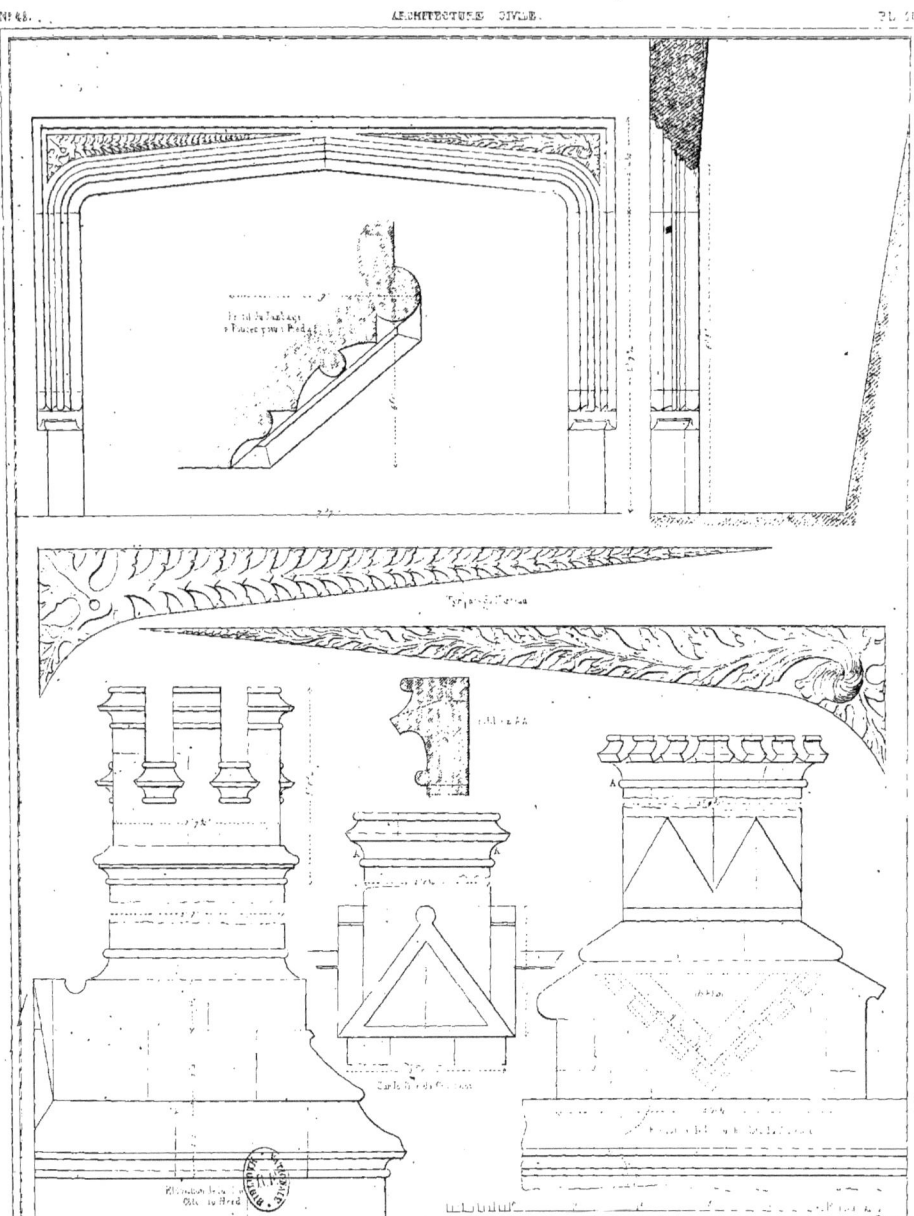

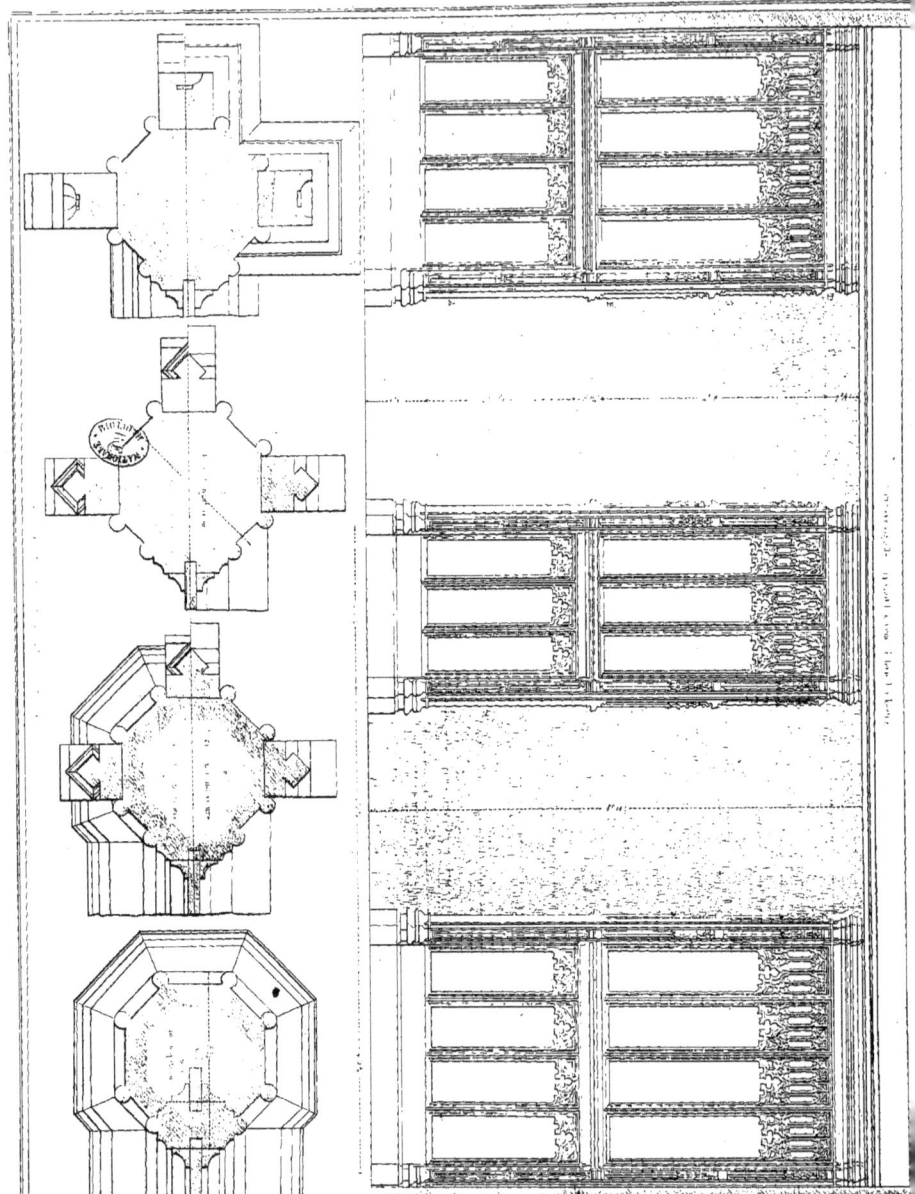

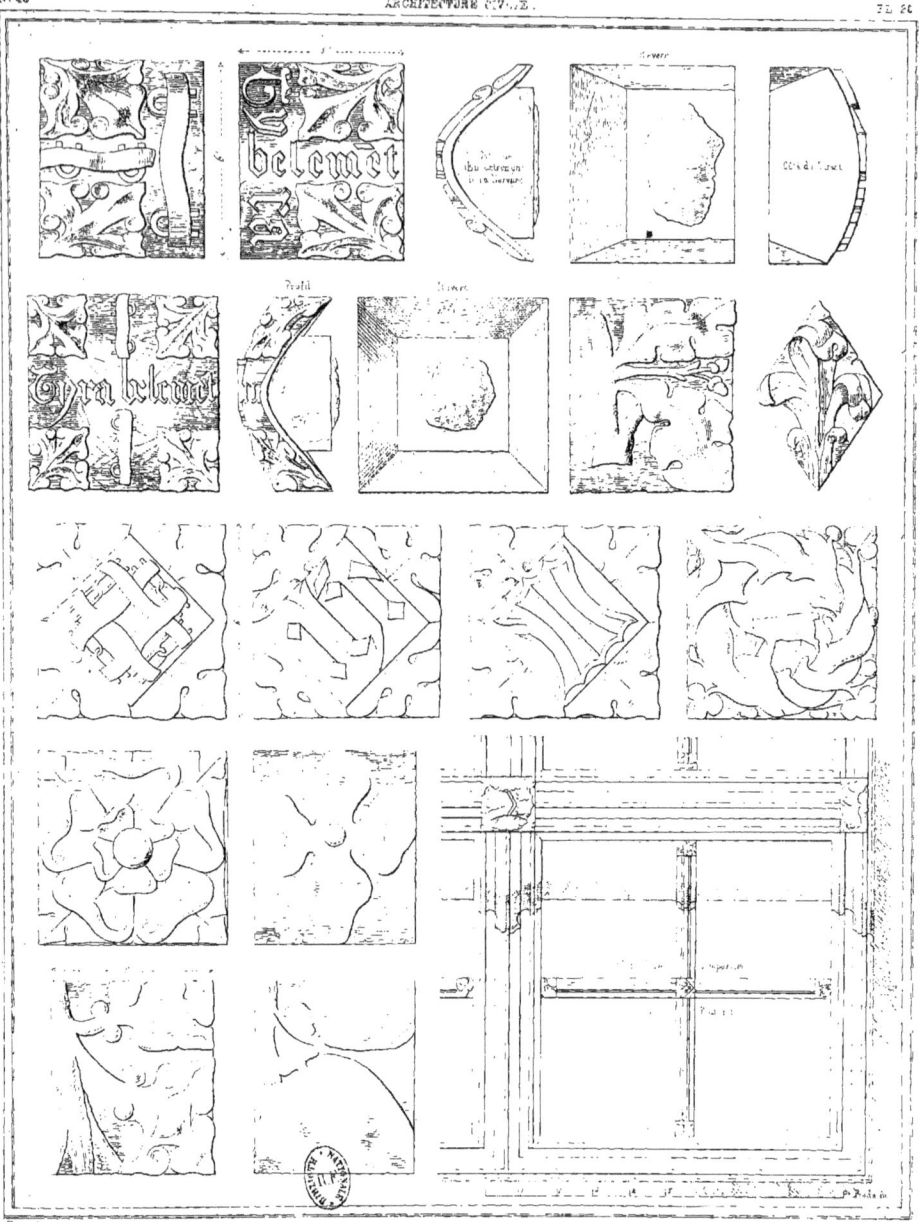

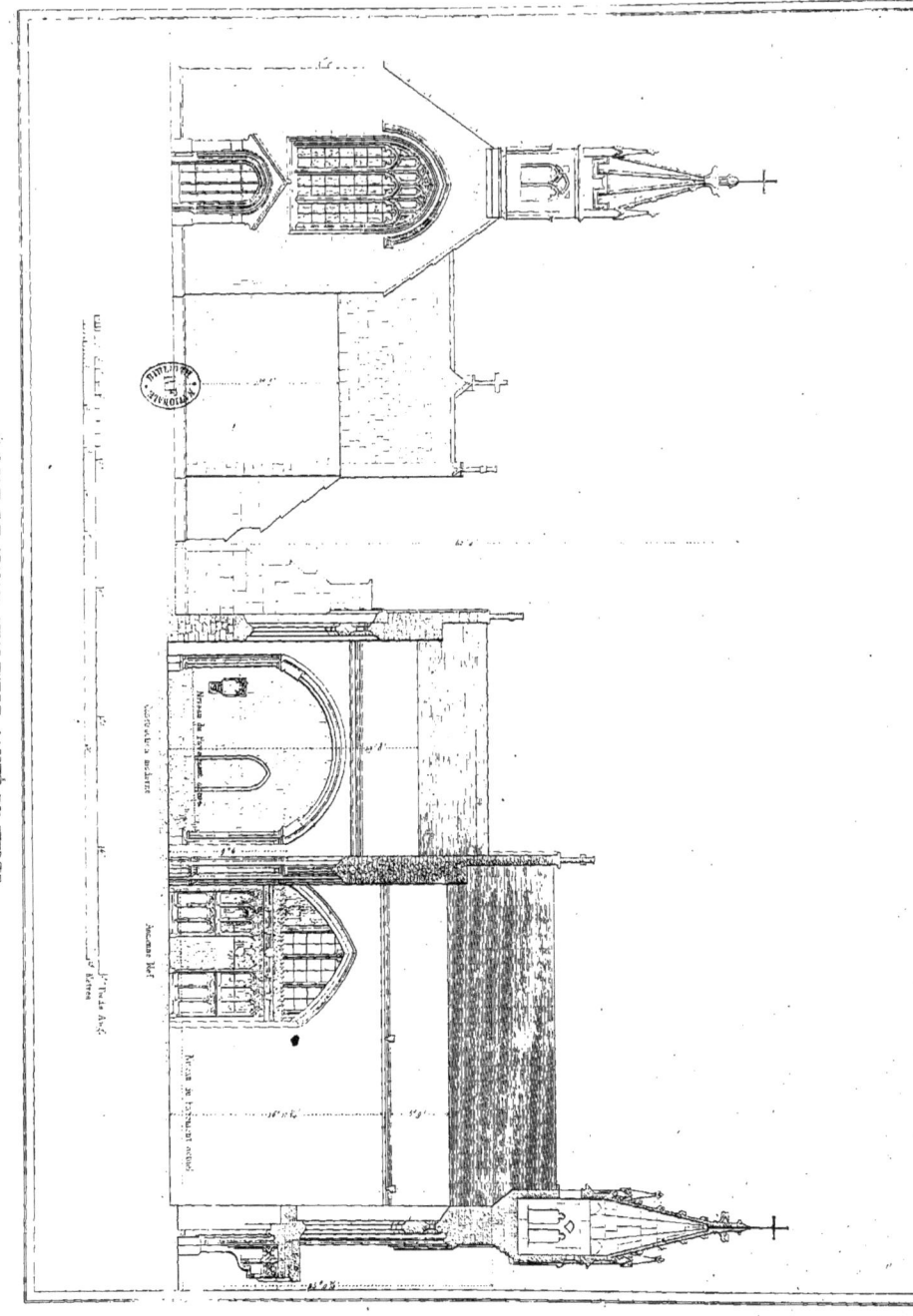

ÉGLISE DE GRAY-CHALFIELD, COMTÉ DE WILTS.
Coupe longitudinale.

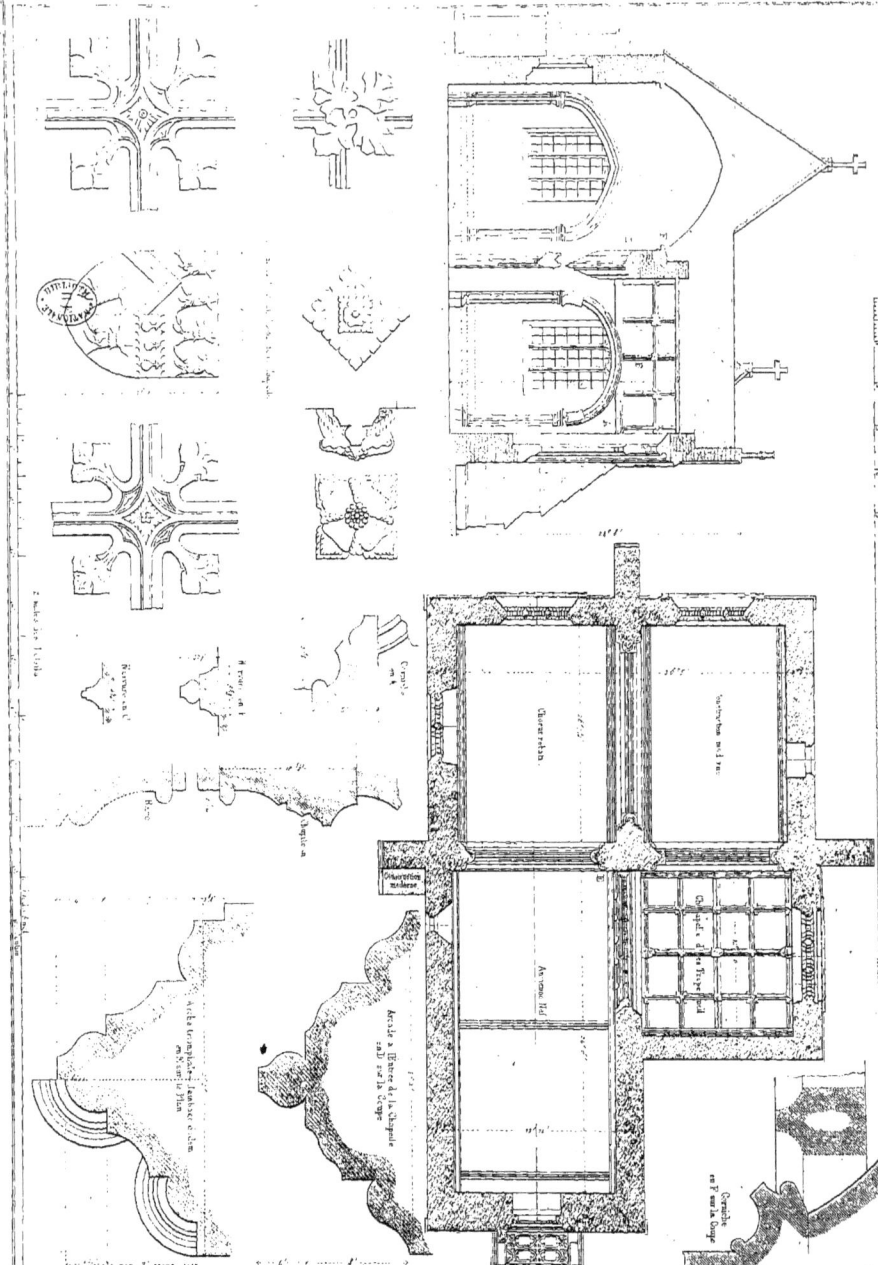

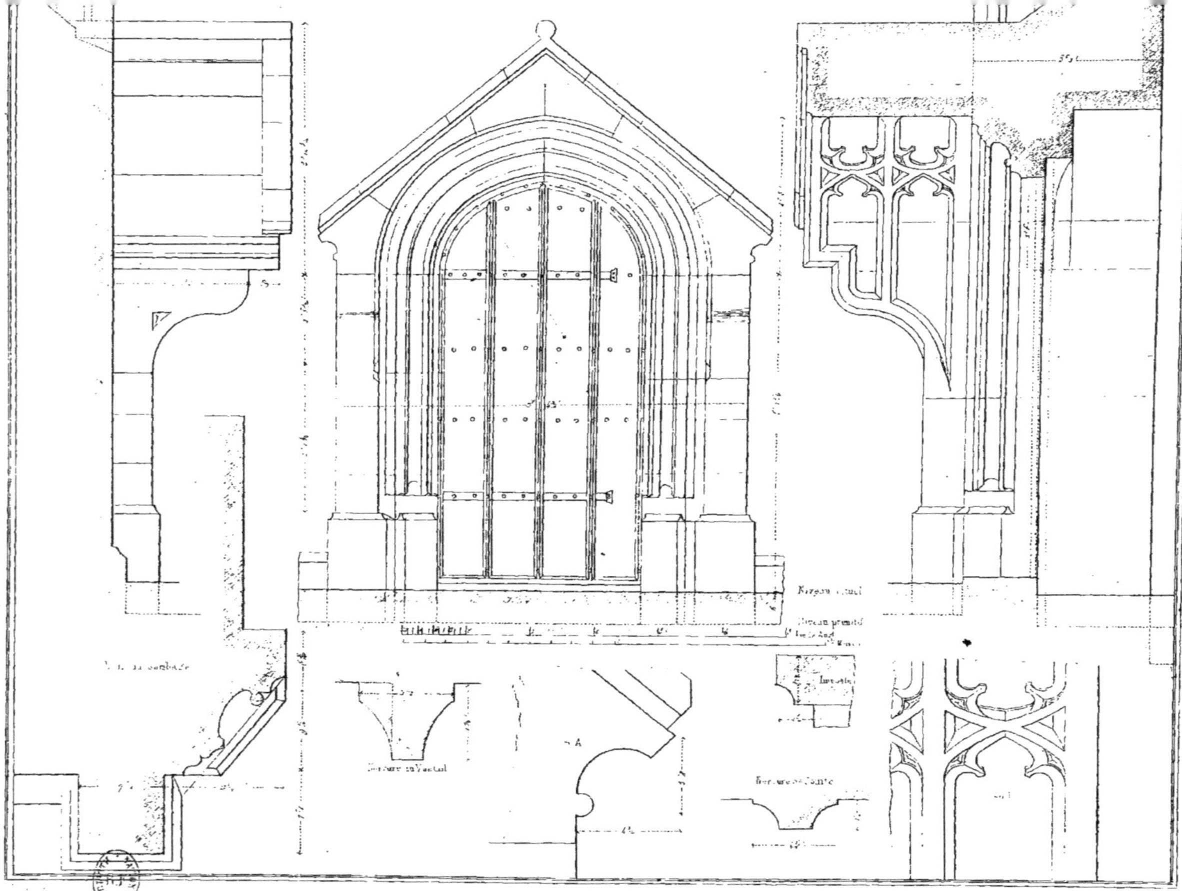

[illegible]

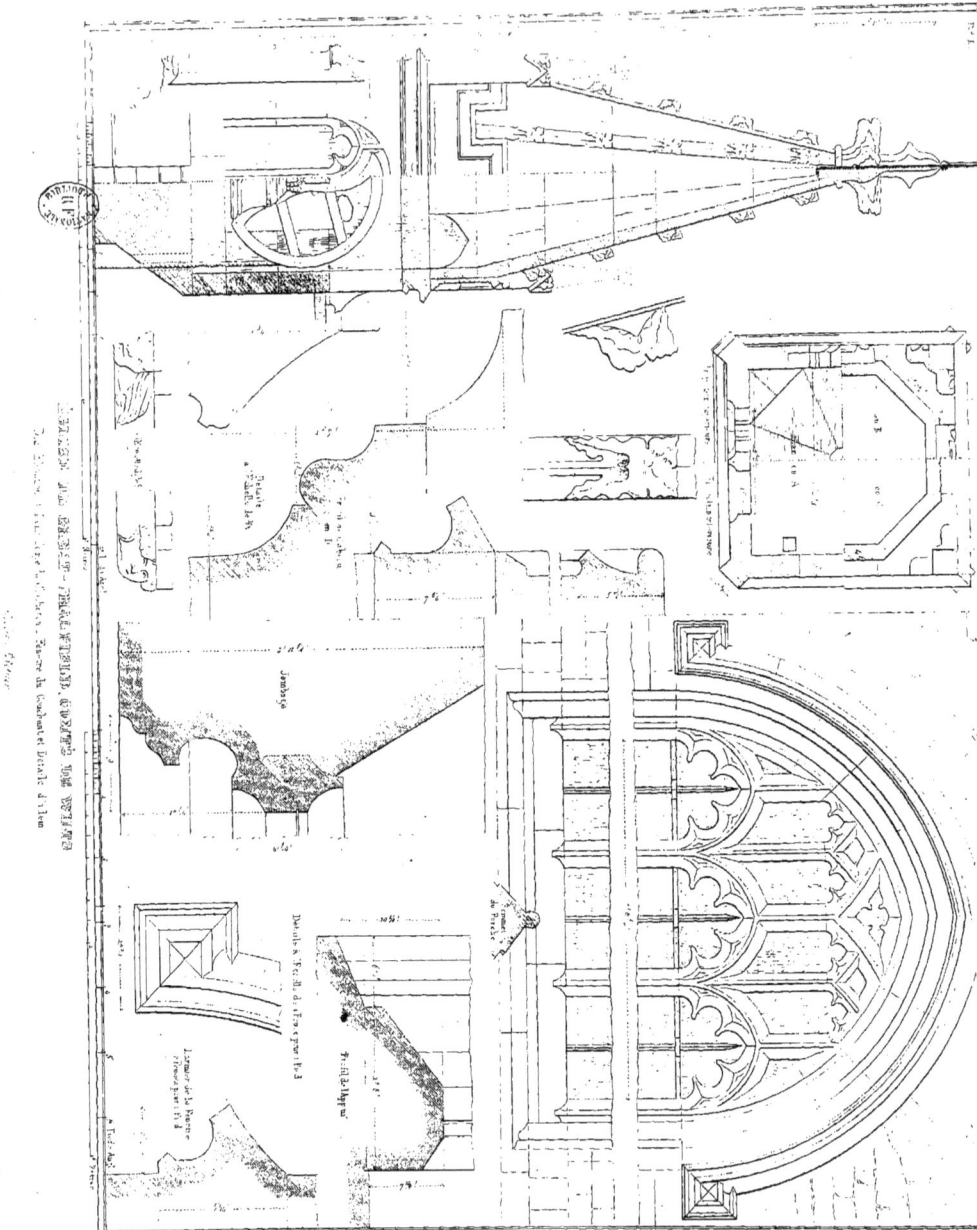

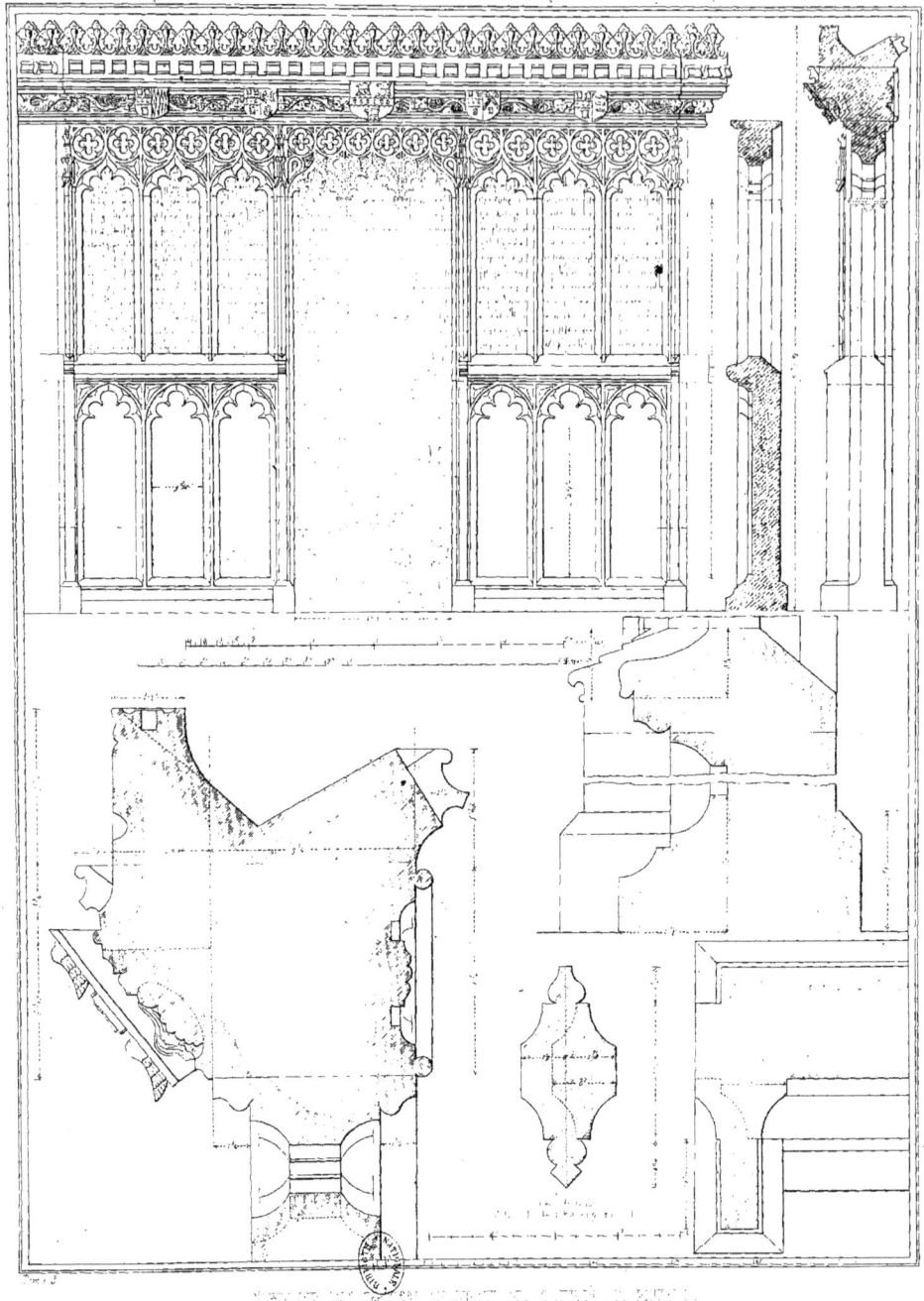

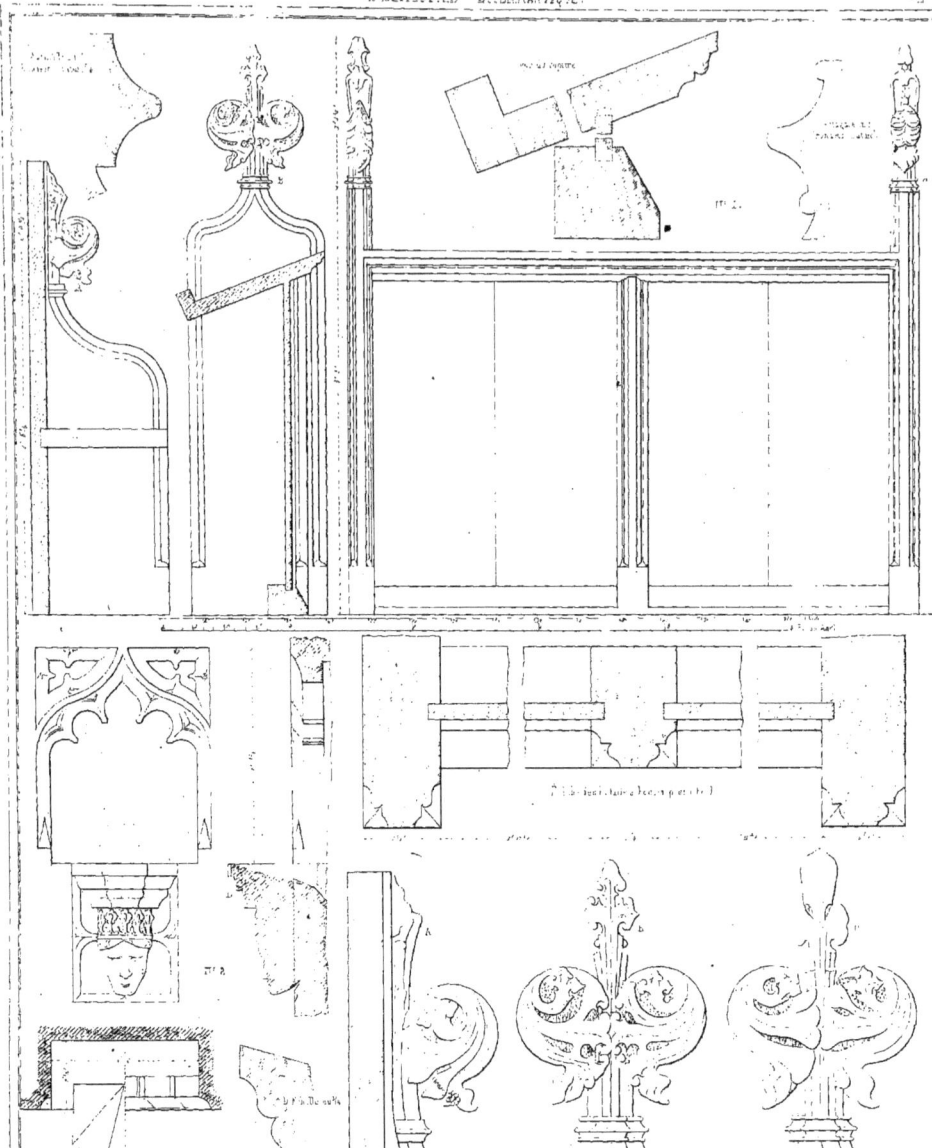

MANOIR DE SOUTH-WRAXHALL,
COMTÉ DE WILTS.
Vue Pittoresque. Côté Sud-Ouest.

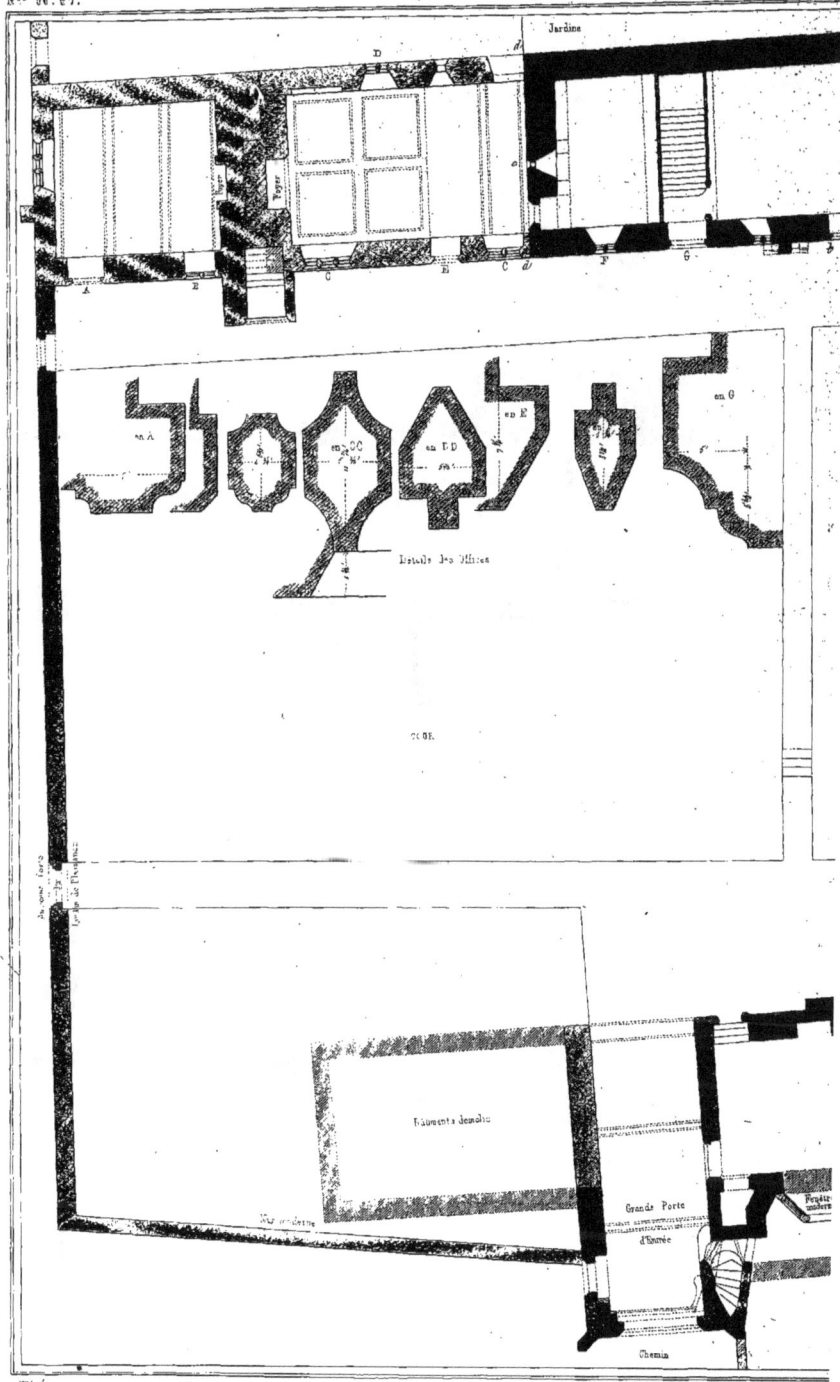

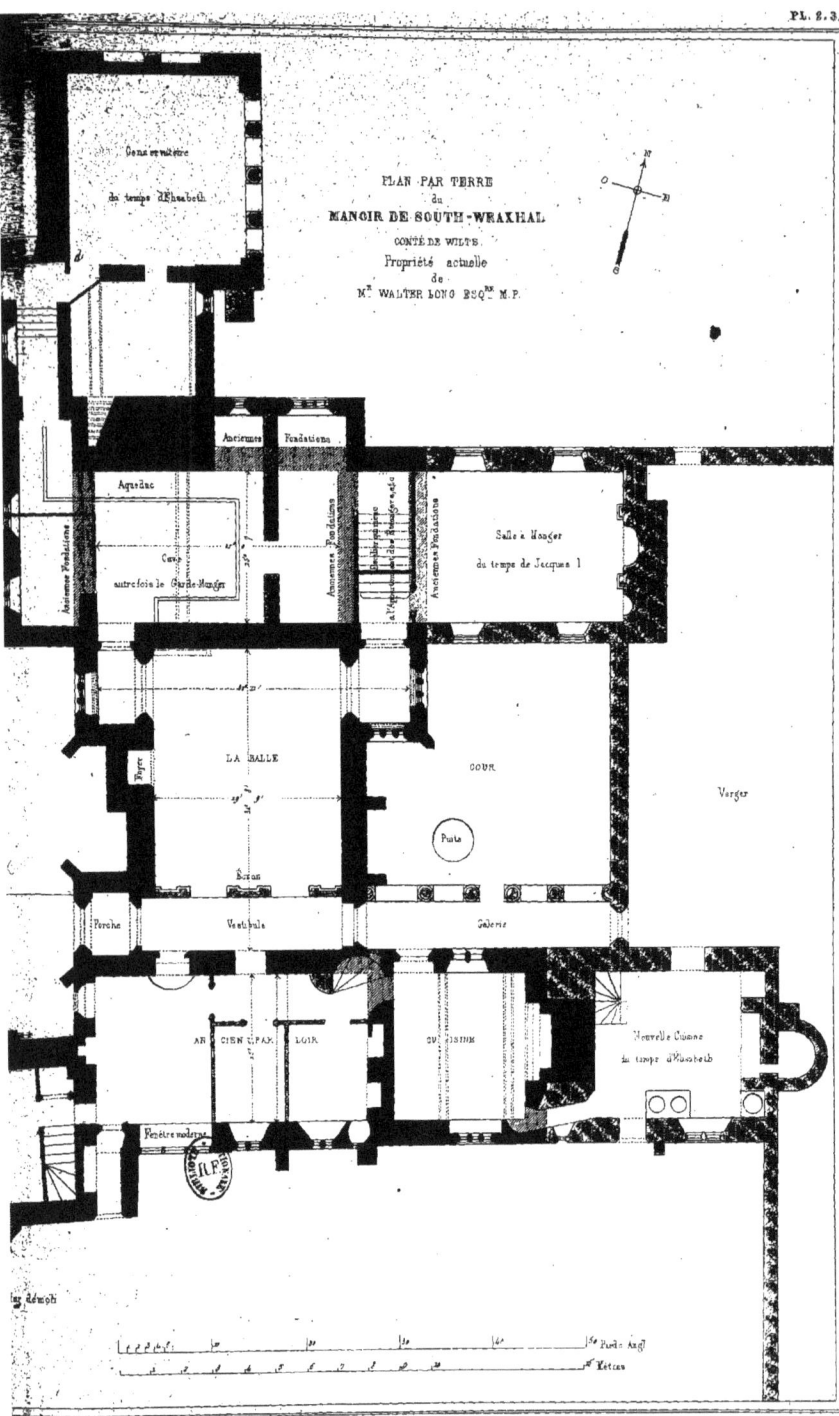

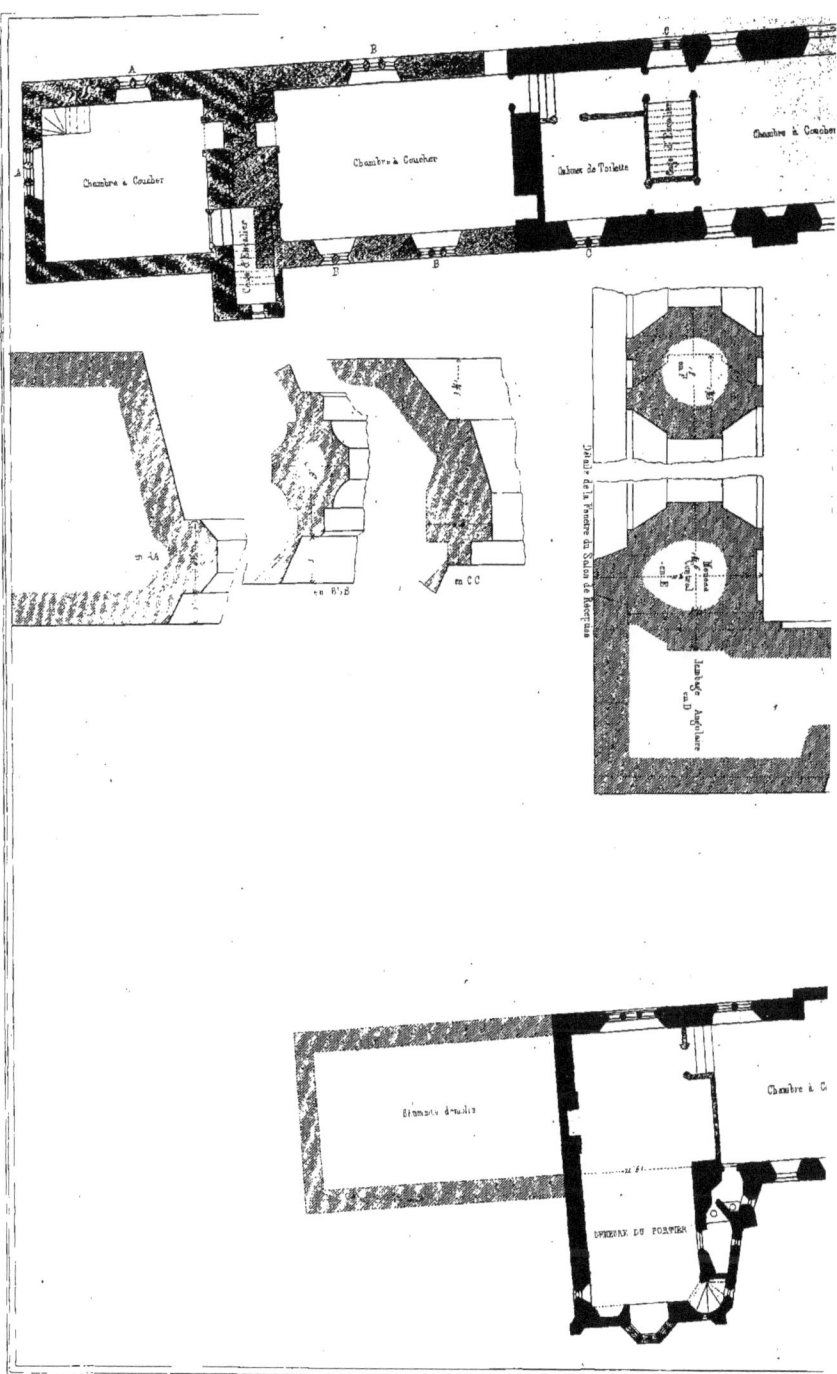

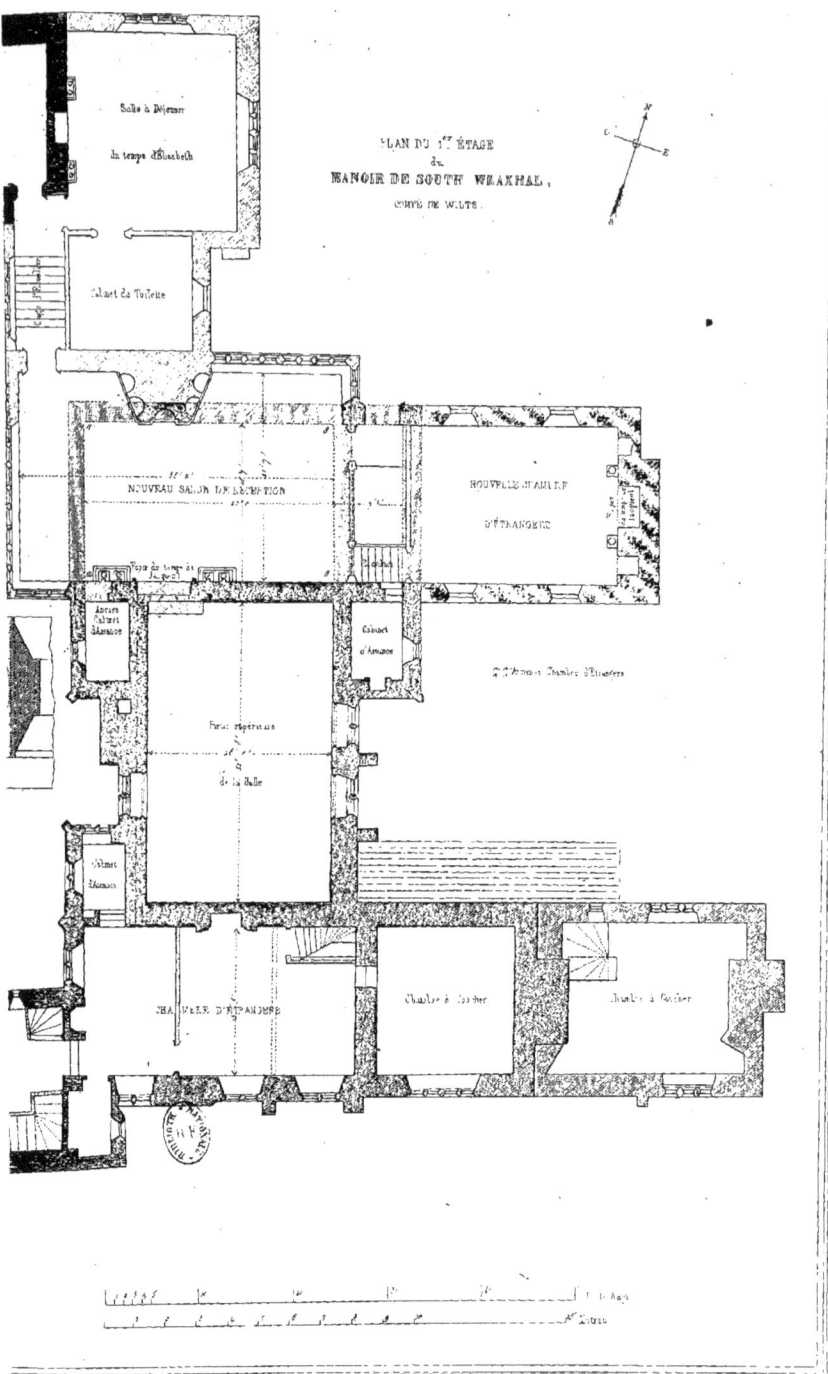

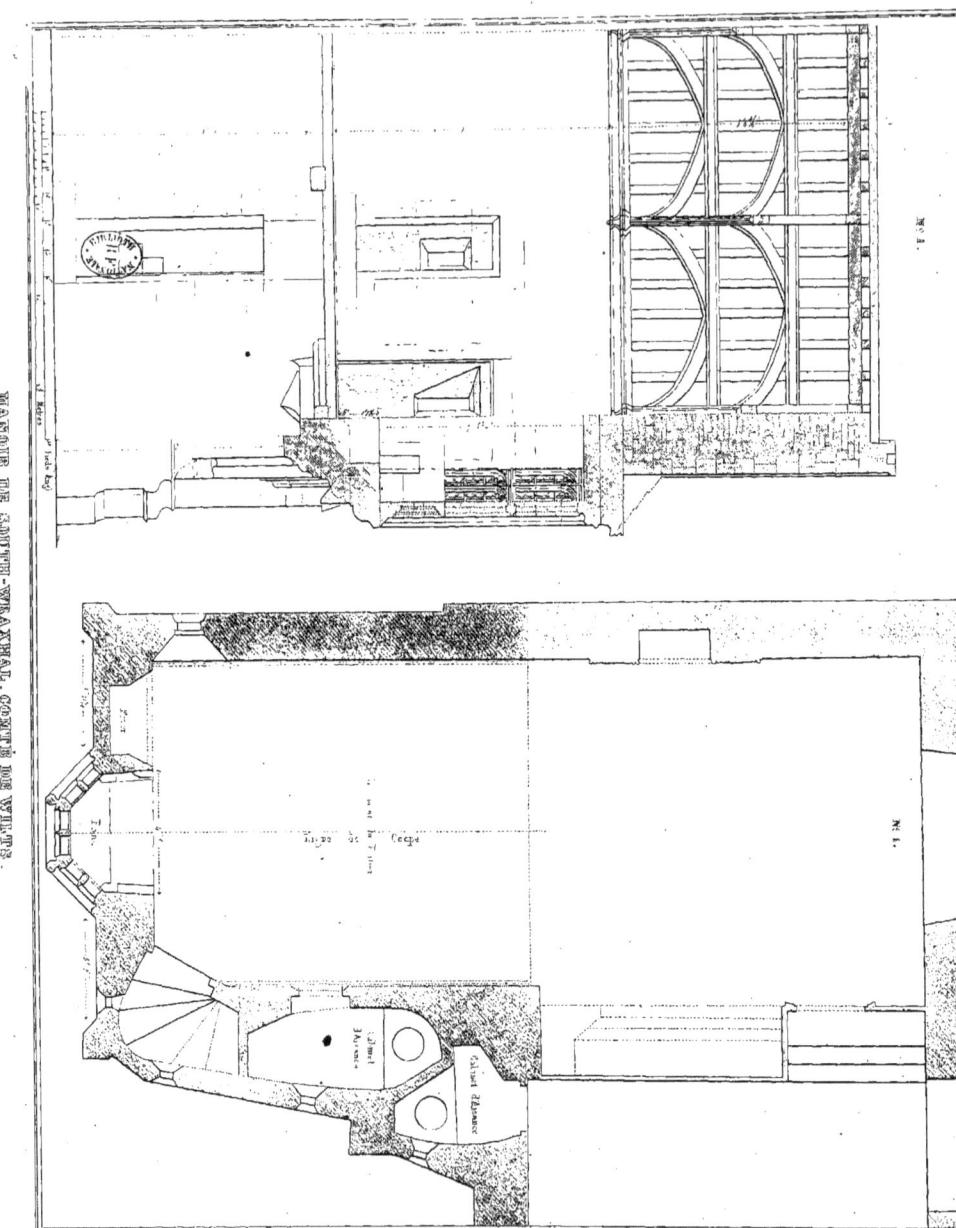

MANOIR DE SOUTH-WRAXHAL, COMTÉ DE WILTS.
Coupe Longitudinale et Plan du 1.er Étage du Porche d'Entrée.

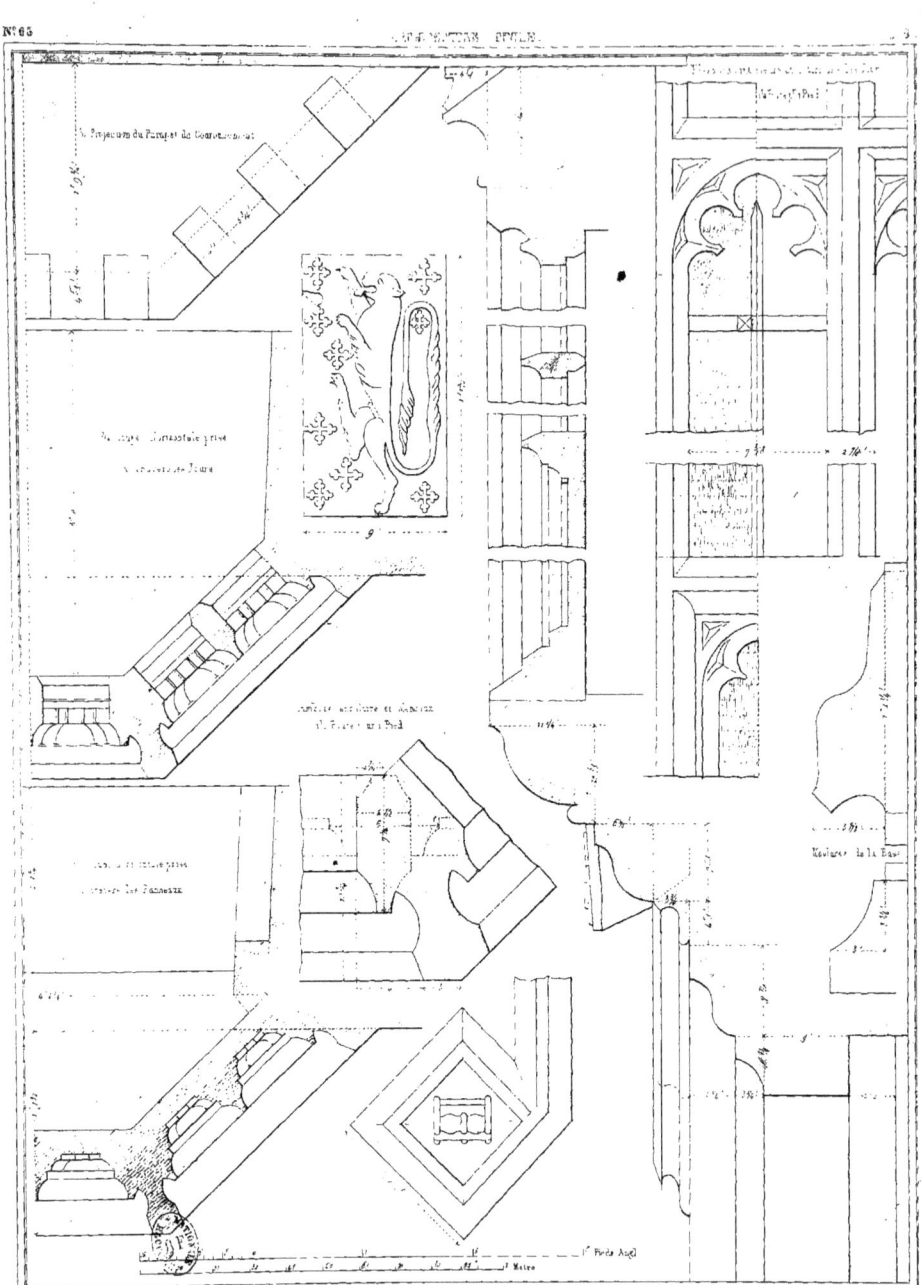

MANOIR DE SOUTH-WRAXHAL, COMTÉ DE WILTS.

Détails de la Fenêtre en Encorbellement qui surmonte la grande Porte d'Entrée

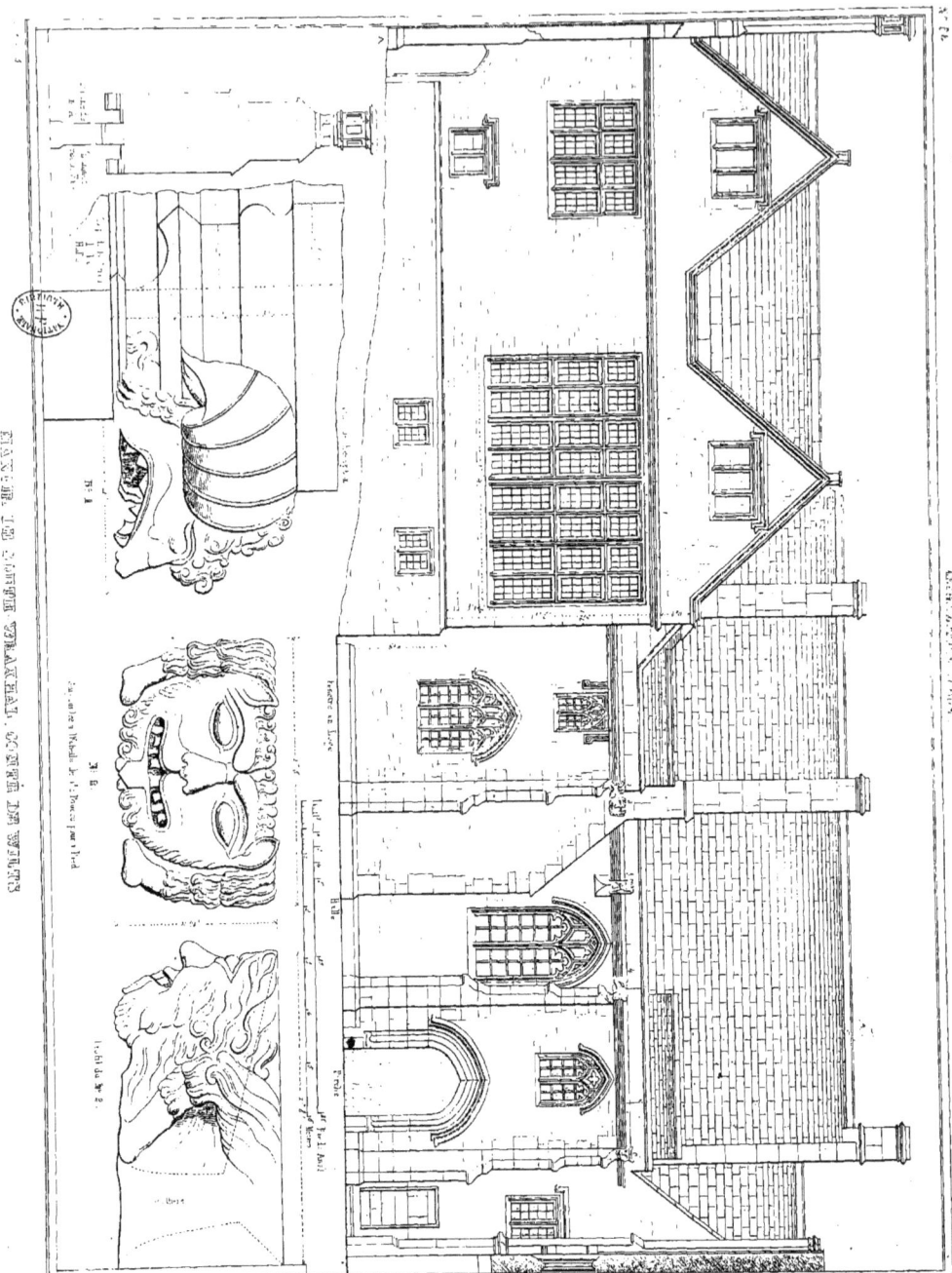

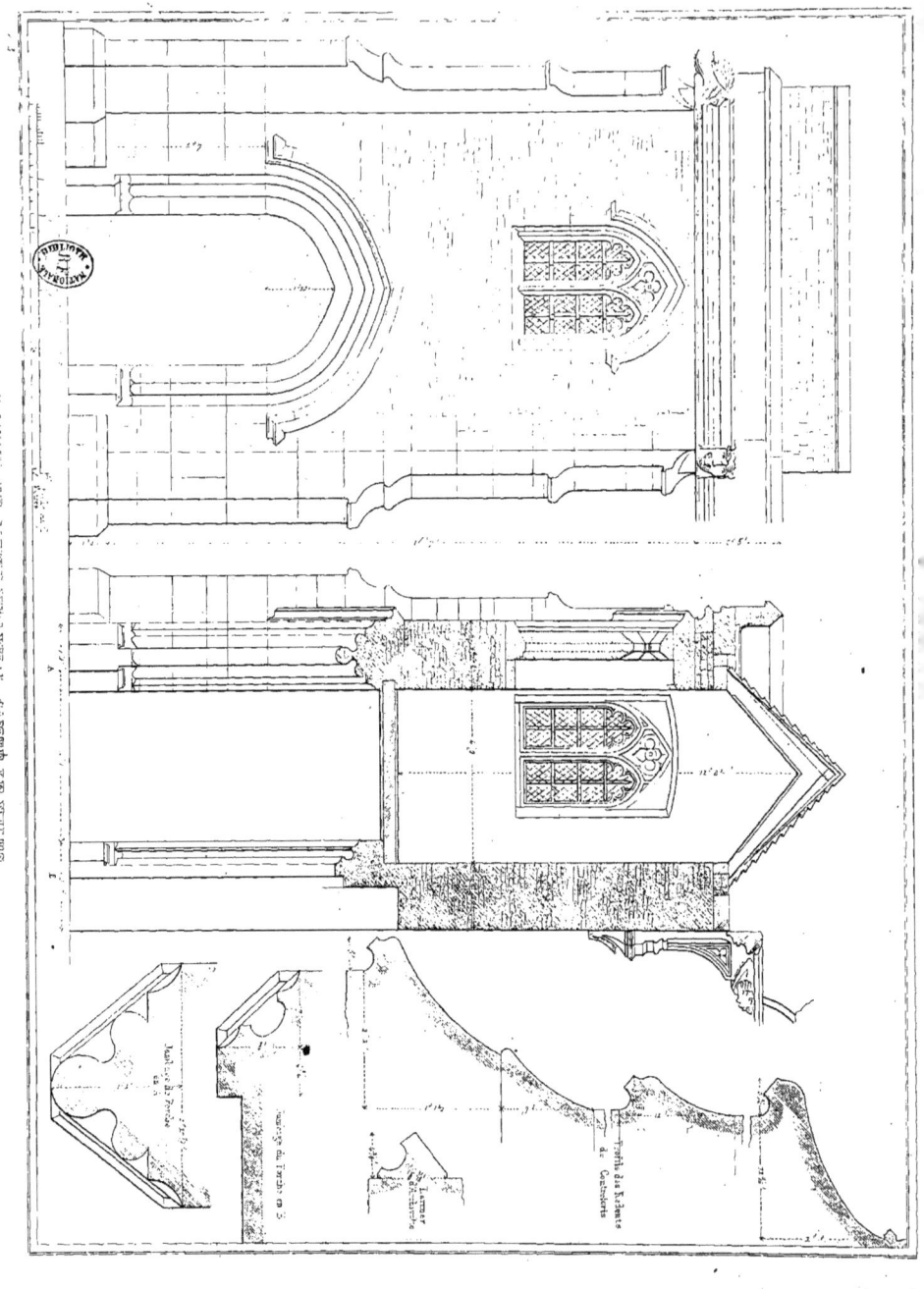

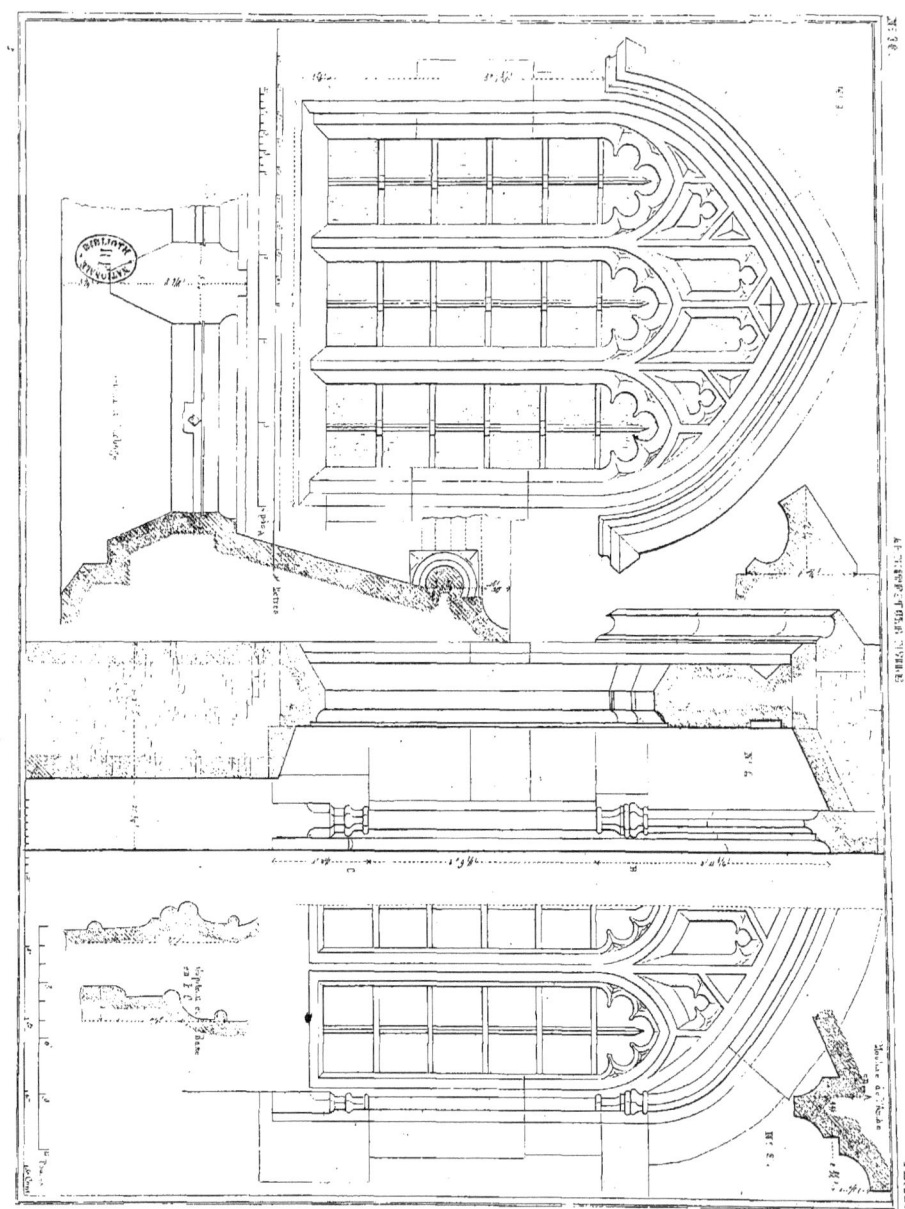

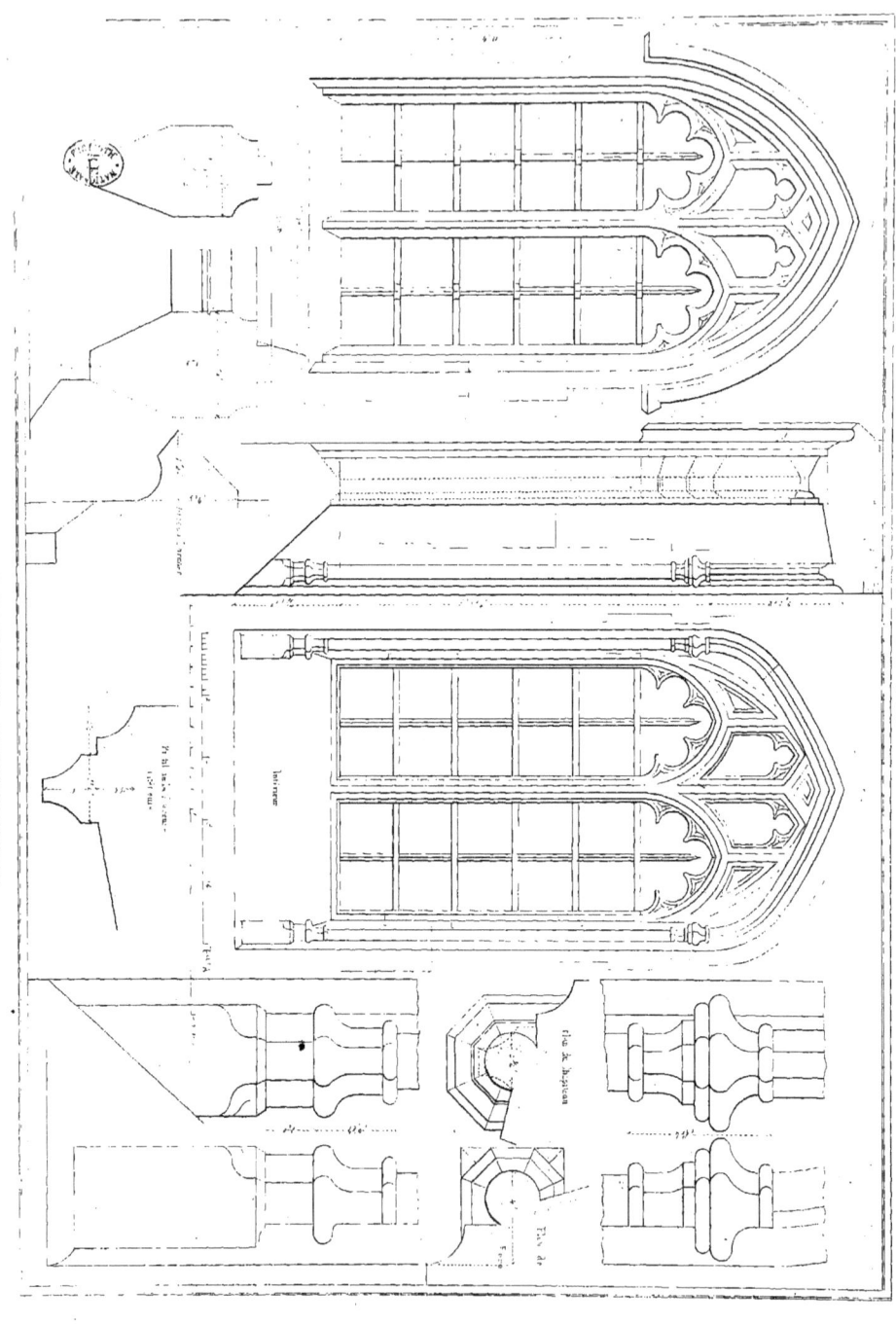

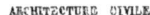

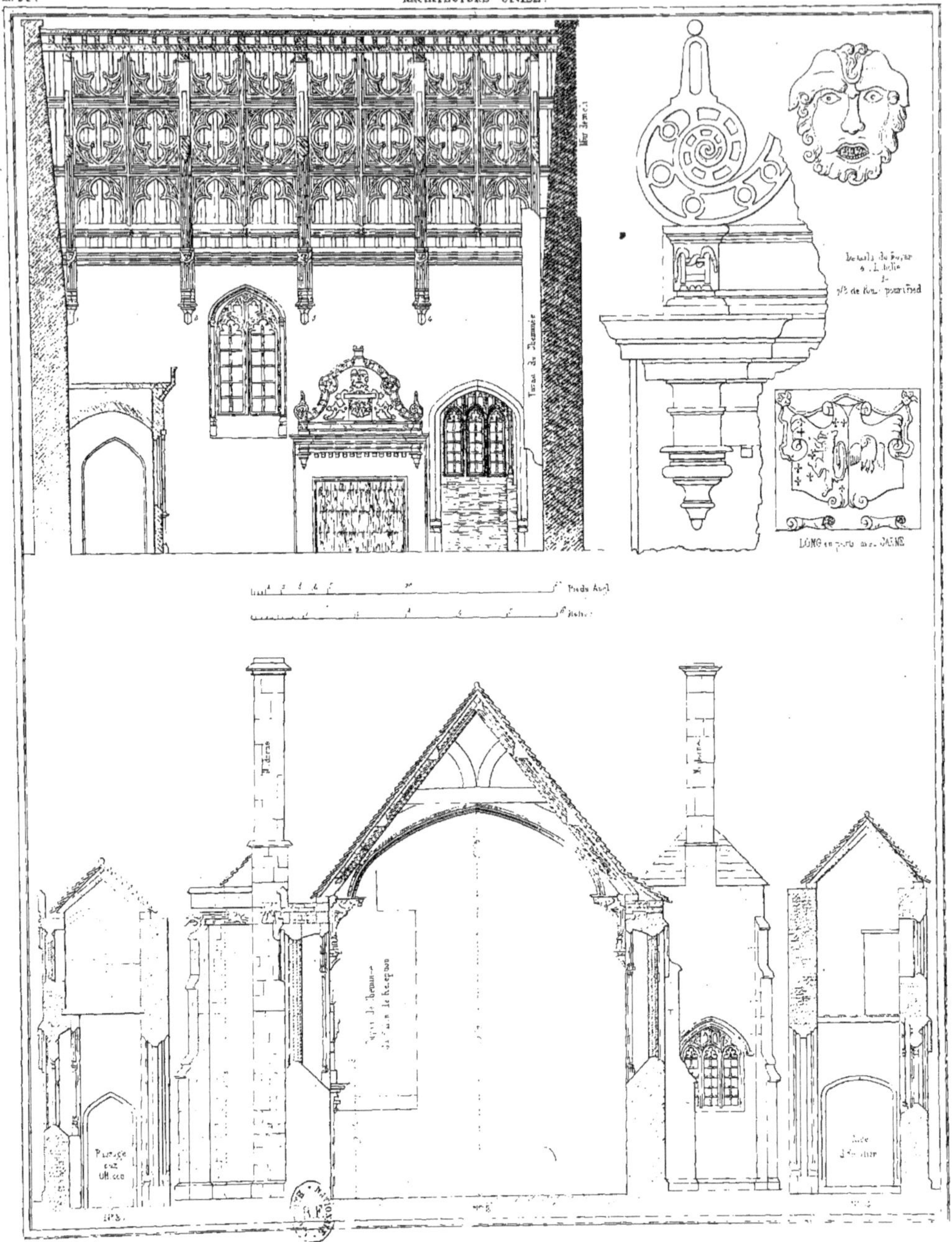

MANOIR DE SOUTH WRAXHALL (COMTÉ DE WILTS)

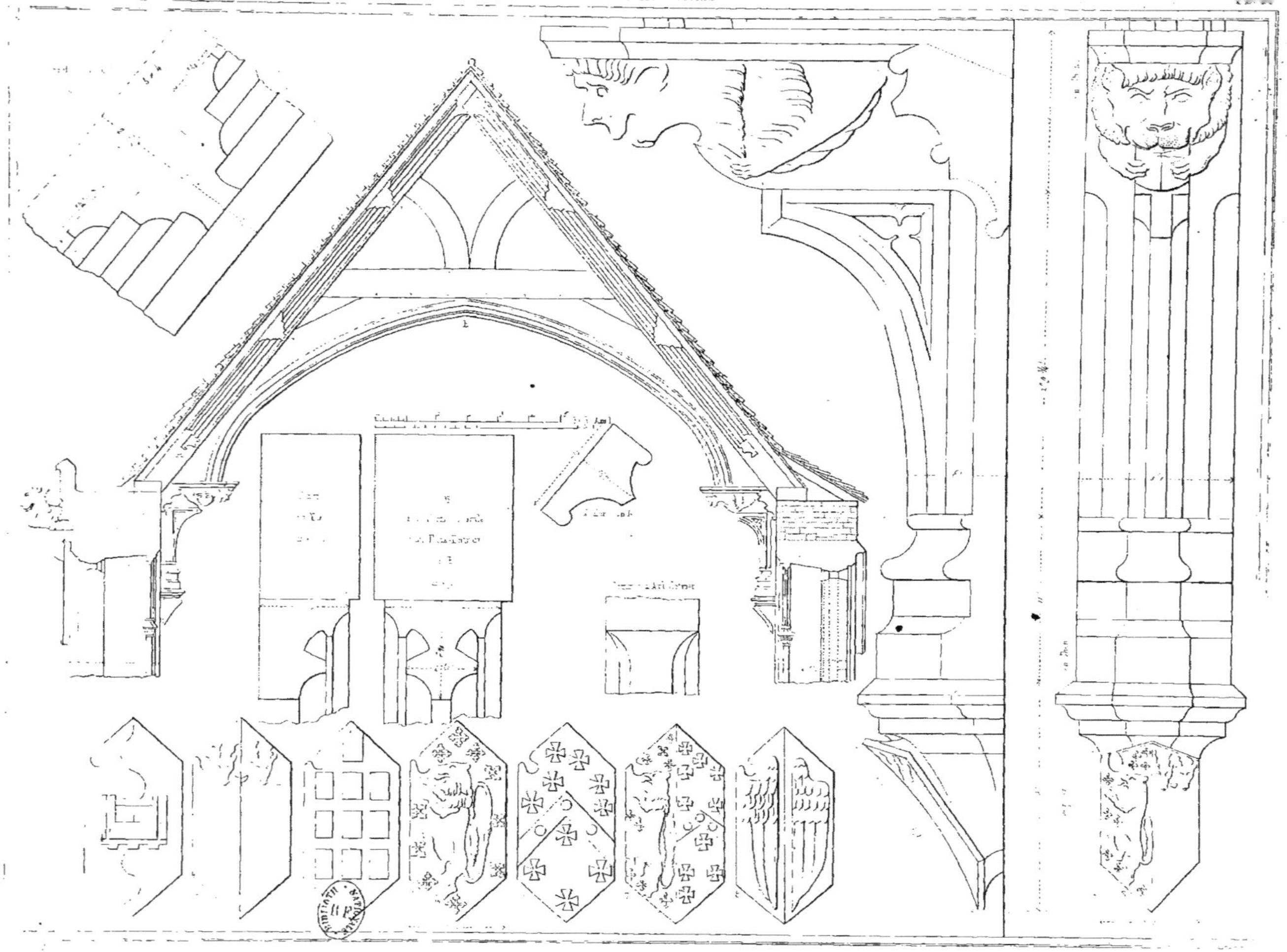

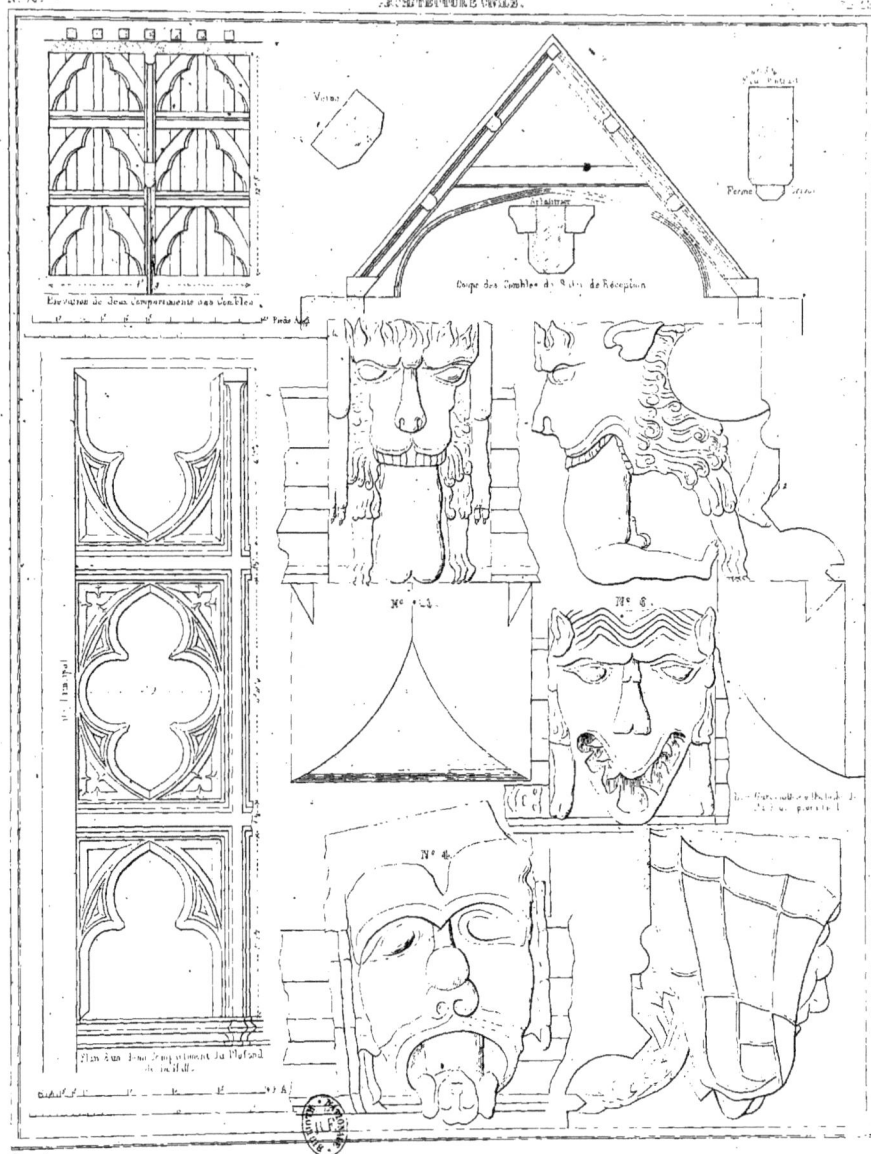

N° 72. ARCHITECTURE ECCLÉSIASTIQUE.

N° 1.

N° 2.

ARCHITECTURE ECCLÉSIASTIQUE.

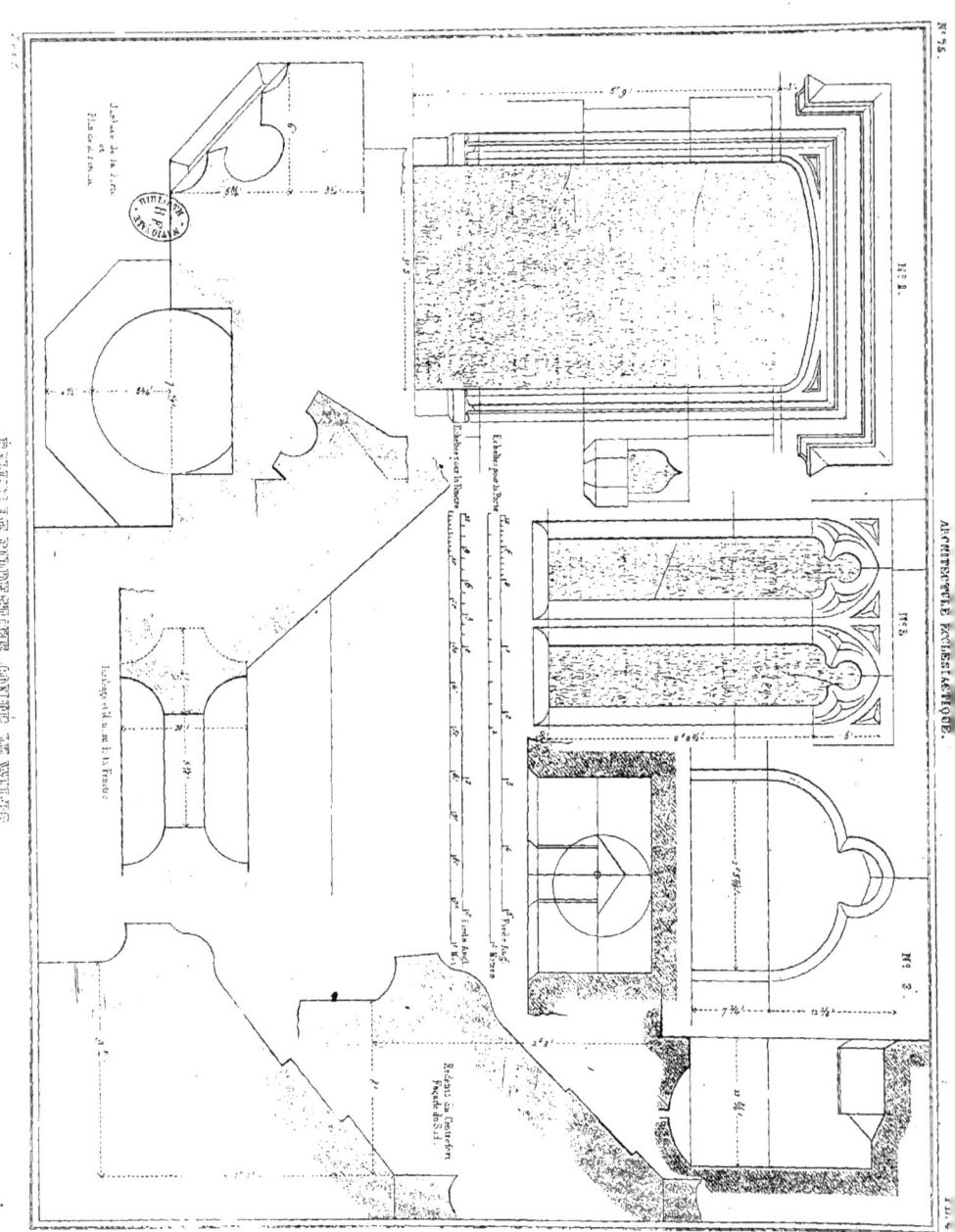

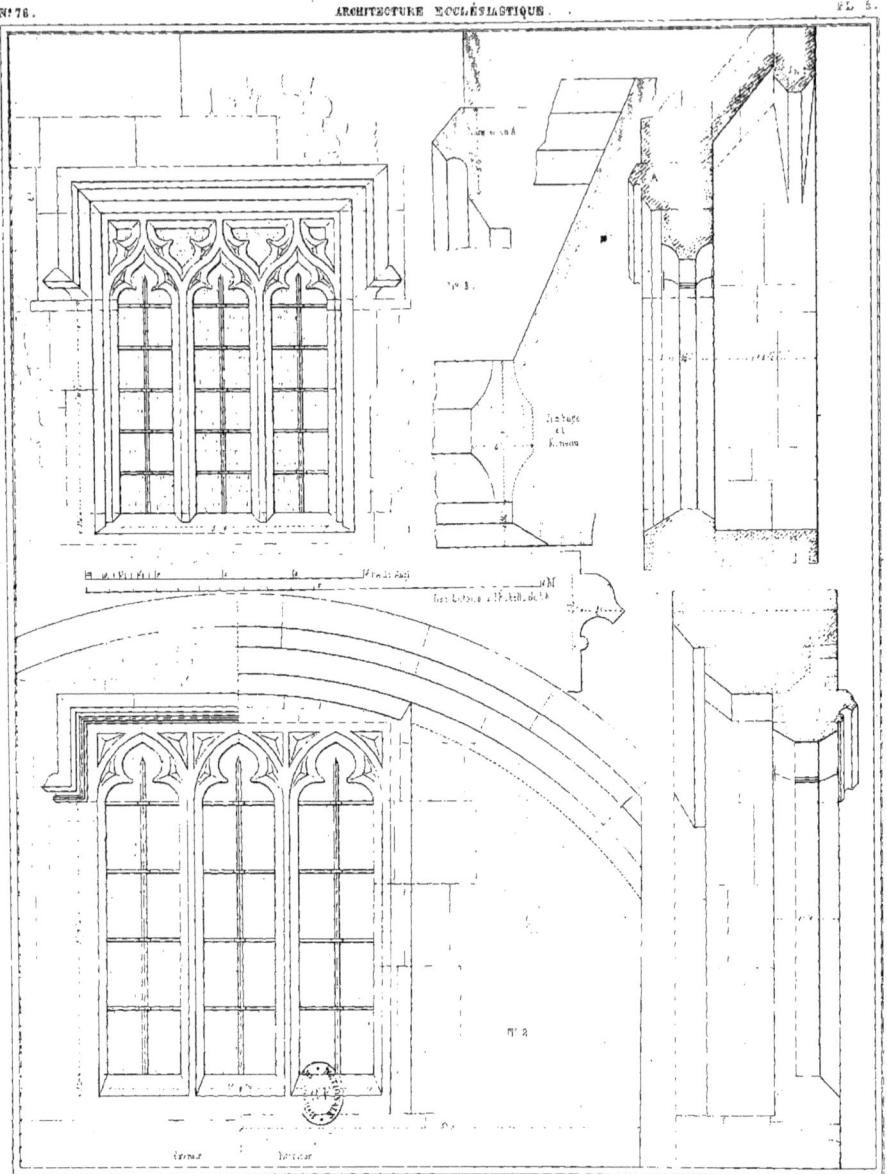

PLANCHE SUPPLÉMENTAIRE

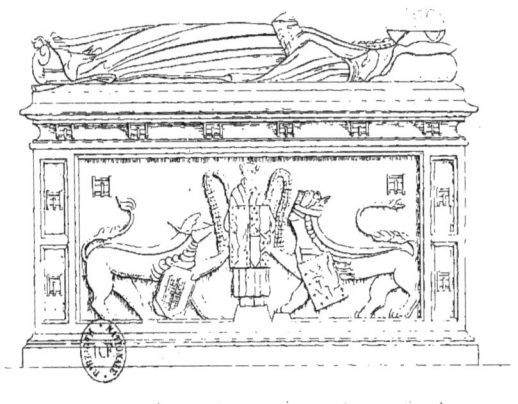

www.ingramcontent.com/pod-product-compliance
Lightning Source LLC
Chambersburg PA
CBHW070654170426
43200CB00010B/2233